裁判員のための
刑事法入門

前田雅英［著］

東京大学出版会

INTRODUCTION TO CRIMINAL LAW AND PROCEDURE
FOR JURY MEMBERS
Masahide MAEDA
University of Tokyo Press, 2009
ISBN 978-4-13-033204-0

目次

はじめに 1

第1章 罪と罰の考え方はどう変わる? ……… 5

1 裁判員裁判の本当の役割は? ……… 5

[1] 刑事裁判システムと裁判員制度 (5)
[2] 刑事裁判システムの入口——捜査 (7)
[3] 検察官の役割 (11)
[4] 裁判員制度はなぜ評判がよくなかったのか (12)
[5] 裁判員になる意味——裁判ドラマの主役になれる? (14)
[6] 裁判——法解釈は法曹の専権事項? (15)

2 「正義」は誰が決めるか ……… 18

[1] 裁判員制度の本当の価値とは (18)
[2] なぜ人(国民)が人を処罰しうるのでしょうか (19)
[3] 推定無罪——疑わしきは被告人の利益に (21)

3 本当に素人でよいのですか ……… 23

[1] 明治以来の刑事法の主役の交代——専門家から国民へ (23)
[2] 戦後日本社会の変化と国民の判断 (25)

第2章 刑罰制度は何のためにあるのですか ……… 27

1 人が人を罰することがなぜ許されるか ……… 27

[1] 罰とは何ですか 刑とは何でしょう (27)
[2] 応報刑と目的刑 (28)

2 「刑事責任」とは ……… 31

[1] 2つの考え方の流れ (31)
[2] 応報刑と目的刑はいかに関わり合うのでしょうか (33)

第3章 犯罪とはどのようなものですか ……………………… 37

1 専門家は犯罪をどう定義するか ……………………………… 37
[1] 日本の刑法の特徴 （37）
[2] 犯罪について大学の刑法の講義では，まずこういう定義から始めます （39）

2 条文に該当するとは ……………………………………………… 40
[1] 罪刑法定主義と構成要件 （40）
[2] 「条文にあてはまるのか」という判断も評価を伴うのです （42）
[3] 普通の日本人の犯罪観の反映 （43）

3 犯罪の骨組みとは ………………………………………………… 45
[1] 構成要件の中身はどうなっているのでしょう （45）
[2] 実行行為の重要性 （46）
[3] 実行行為の開始により未遂になります．未遂こそ刑法の考え方の試金石 （48）
[4] 着手時期についての理論的対立の意味 （49）
[5] 不能犯――最も理論的対立の激しかった論点 （51）
[6] 因果関係はなぜ必要なのですか （54）
[7] 具体的な因果関係の判断 （55）

第4章 被告人の認識はどう影響しますか ……………………… 61

1 故意 ………………………………………………………………… 61
[1] 被告人が何をしようと思っていたかで，構成要件は変わります （61）
[2] そもそも故意とは何なのでしょうか （63）
[3] 錯誤とは何のことですか （64）
[4] 未必の故意 （66）

2 狙ったのと違う人を殺した場合は ……………………………… 67
[1] 事実の錯誤と国民の常識 （67）
[2] 日本の裁判所はどう考えてきたのですか （68）

3 故意の客観化 ……………………………………………………… 70

第5章 裁判員が扱う犯罪の種類 …………………………………… 73

1 対象事件 …………………………………………………………… 73
[1] 殺人罪　傷害致死罪 （74）

[2] 強盗致死傷罪　強盗強姦罪　強盗強姦致死罪　（79）
　　　[3] 強制わいせつ・強姦致死傷罪　（85）
　　　[4] 現住建造物等放火罪　（88）
　　　[5] 通貨偽造・同行使罪　（90）

第6章　犯罪にあてはまっても許される場合 …………… 93

1　人を殺しても許される場合 ………………………………………… 93
　　　[1] 構成要件に該当するのになぜ正当化されるか　（93）
　　　[2] 日本の正当防衛の考え方　（95）
　　　[3] 急迫不正の侵害に対する防衛行為　（97）
　　　[4] やむことを得ない行為　（97）

2　例外的に非難ができない場合 …………………………………… 100
　　　[1] 期待可能性　（100）
　　　[2] 責任能力　（101）

第7章　一緒に犯罪に加わった者はどうしますか ……… 107

1　日本の「共犯」の特色とは ………………………………………… 107
　　　[1] ほとんどが共同正犯　（107）
　　　[2] 共犯と間接正犯　（109）

2　共謀とは ……………………………………………………………… 112
　　　[1] 共謀共同正犯　（112）
　　　[2] 犯罪理論体系の意味と役割　（113）

第8章　犯罪の成否は，具体的にどうやって判断するのですか ……… 117

1　裁判の流れの概観 …………………………………………………… 117
　　　[1] 裁判の開始　（117）
　　　[2] 裁判の流れ　（119）

2　犯罪の成否はどうやって判断するのですか …………………… 121
　　　[1] 審判（裁判）の対象　（121）
　　　[2] 裁判における証明　（123）
　　　[3] 証拠能力と厳格な証明　（126）
　　　[4] 挙証責任　（129）

3　裁判における証拠とは ……………………………………………… 130
　　［1］証拠の種類　(130)
　　［2］供述証拠と伝聞法則の例外　(133)
　　［3］非供述証拠と違法収集証拠排除　(135)
　　［4］自白の取り扱い　(137)

第❾章　刑の重さはどのように決定するのですか ………… 143
　　［1］量刑作業の実際　(143)
　　［2］量刑に関する国民と裁判官の意識についての研究　(145)
　　［3］重くするのはどういう場合か　(146)
　　［4］軽くする因子　(148)

　　おわりに　151

　　索引　(155)

はじめに

　日本の罪と罰の考え方が大きく変わろうとしています．裁判員制度が2009年5月21日から施行されました．5月21日は，2004年に裁判員法が成立した日です．いよいよ裁判員裁判が動き出したのです．皆さんの中の誰かが，つまりくじで選ばれた一般の国民が，「裁判員」になって裁判官と一緒に刑事裁判を行います．皆さんの誰もが「裁判」をする可能性があるのです．

　もちろん，不安もあります．「自分にできるのか」，また，「忙しいのに裁判になんか付き合っていられない」という人も多いと思います．

　でも，日本の法律が，皆さんの判断で動くのです．国は大きいので実感がわかないのですが，国政も選挙で動くのです．国民の1票1票が土台なのです．しかし，裁判員の仕事はそれとは比較にならないくらい，国のシステムに直接関与できるのです．そして関与していることが実感できるのです．

　刑事裁判も，国民の常識抜きには判断できません．もちろん，これまでの裁判でも，職業裁判官が「国民の常識を慮って」有罪無罪を決めてきました．しかし，これからは，一歩進んで，国民の声を直接聞くのです．たしかに，これからも専門家の意見は強い影響を持つでしょう．しかし，裁判官は「裁判員」という国民を，直接説得しなければならなくなったのです．「法は国民が作り動かすもの」ということが，よりわかりやすくなっていくと思いますのです．

　しかし，何より大事なのは，裁判員に参加するということは，ほとんどの国民にとっても「楽しい」ものになると考えられることです．テレビドラマで，警察官の仕事，検事の活躍が非常に多く扱われています．刑事裁判が画面に登場してくることも非常に多いですよね．なぜなのでしょう．視聴率が高いからですよね．国民は，刑事司法に関心があるのですよね．「自分なら

こう考える……」．その場面に自ら出演するのです．最近，裁判傍聴に関する本が広く読まれているそうです．たしかにリアルな裁判は，ドラマの世界を超えた魅力があります．裁判員は，まさに，傍聴される「主役」を務めるのです．

　そもそも，「罪」とは何かを考えない人は少ないのです．それは，哲学につながっています．もちろん，哲学とは，「一部のしかつめらしい顔をした学者の専権事項」ではありません．「何のために生きるのか」「人はなぜ罪を犯すのか」と考えない人間は少ないのです．でも，自ら「裁く立場」に立った経験のある人は少ないでしょう．現実に人を裁く立場に立って罪を考えることは，重みと深さが違います．それは，非常に有意義なことなのではないでしょうか．

『毎日新聞』2008年4月22日朝刊

　本書では，単に裁判員制度に関する「ハウツー（How to）」だけをわかりやすく示すつもりはありません．裁判員に有意義に参加することのお手伝いをしたいのです．そして，裁判員制度の導入によって変化していく日本の罪

と罰の考え方の方向性を一緒に考えたいのです.

　そのために,「具体的に考えてみましょう」というコラムを入れてあります. その他, 特に強調したい部分に網をかけてあります. なおコラムで網のかかっていない部分は, 少し細かい点だと思って下さい. ただ, あくまでも御自身の関心に合わせてお読み下さい. 試験の為の勉強ではないのです.「面白い」と思っていただくことが何より大切なのです.

第1章 罪と罰の考え方はどう変わる？

1 裁判員裁判の本当の役割は？

[1] 刑事裁判システムと裁判員制度

　刑事物の推理ドラマでも法廷の場面はよく出てきます．裁判官主役のドラマをご覧になることも多いと思います．刑事裁判は意外に身近な存在かも知れません．テレビのニュースでも，裁判の開始直前の**法廷**がよく映し出されます．高いところに法服を着た3人の裁判官が並び（1人のこともありますが），低いところに検察官と弁護人が対峙して座っていたのです．主役の一人である被告人は後から入廷します．法廷を傍聴された方も多いのではないでしょうか．

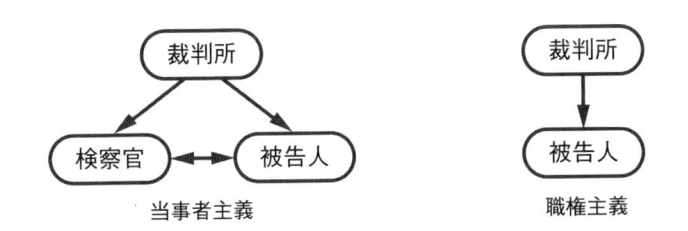

```
    裁判所                    裁判所
    ↙  ↘                      ↓
検察官 ⇔ 被告人              被告人
   当事者主義                 職権主義
```

> **当事者主義と職権主義**　裁判の構造についての対立で，当事者主義とは，裁判官と被告と原告の三者構造で説明する考え方であり，原告（検察官）によって訴訟が開始され，原告と被告という両当事者が中心となって裁判が進行します．これに対し，職権主義とは裁判所と被告人の二者構造を想定し，裁判官によって訴訟が開始，進行するものと考えるのです．現行の

> 刑事訴訟法は，基本的に当事者主義を採用しています．

　ただ，いかに関心があっても，「裁判」に参加できた方はいないはずです．法廷の中は，被告人以外は，専門家集団の独壇場で，その意味では遠い世界だったのです．ところが，今後は皆さんが裁くことになったのです．重大な事件を（→73頁），裁判官とほぼ対等な立場で．

　裁判員は，衆議院議員の選挙権を有する方の中から，1年ごとに無作為抽出で裁判員候補者名簿を作成し，その中から事件ごとに無作為に抽出されます．裁判員には，旅費，日当等が支給されますが，公判期日の出頭義務，守秘義務等の義務を負います．義務に違反したり，その他一定の事由があった場合に，裁判員は解任されます．なお，欠格事由及び就職禁止事由等に該当する方，不公平な裁判をするおそれがある方，並びに当事者から理由を示さない不選任請求をされた方は，裁判員となることができません．また，辞退事由に該当する方は裁判員となることを辞退することができます．このことは，ご存じの方も多いですよね．

> **裁判員辞退事由**　①70歳以上の人　②地方公共団体の議会の議員（会期中）　③学生又は生徒　④過去5年以内に裁判員や検察審査員などを務めた人　⑤過去1年以内に裁判員候補者として裁判員を選ぶための手続に出たことがある人　⑥次のようなやむを得ない理由があって，裁判員になることが難しい人
> 　ア　重い病気やけがをしている．　イ　同居の親族の介護や養育をしなければいけない．　ウ　自分が処理しないと事業に著しい損害が生じるおそれがある．　エ　父母の葬式への出席などの重要な用件がある．

　まだ，裁判員制度が自分とは縁遠いもののように感じている方が多いのではないでしょうか．ただ，日本の国民として，その代表として裁判に参加することが可能となったのです．それを，「義務」という形で受け止めるのは，少し違うように思います．「やらなければいけないから仕方なく……」という人はよくない，というわけではありません．そういう人の方が正直なのかも知れません．ただ，裁判員になることは，あなたのこれからの生き方に，おそらく，プラスになると思うのです．投票により国政や地方自治に参加するように，日本の法の形成に参加するのです．それ以上に，大きな意味があ

ると思います.

[2] 刑事裁判システムの入口――捜査

　刑事裁判のシステムは，犯罪の発生から裁判で有罪となり，刑務所で収容することまでを含みます．その中の「要」はやはり裁判です．裁判により，警察や検察の行動もコントロールされている面は大きいのです（詳しくは第8章参照）．逆に，裁判員になる可能性のある国民も，自らの活動が，刑事裁判システム全体にどのように影響するのかを十分に知っておくことが必要です．そもそも，裁判で行う判断の素材は，警察・検察の手を経て皆さんの目の前に出てくるのです．

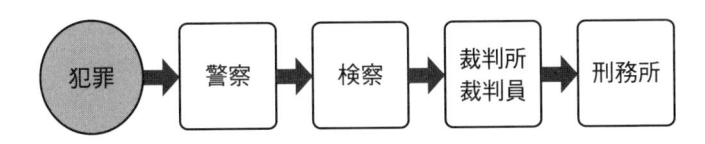

犯罪 → 警察 → 検察 → 裁判所 裁判員 → 刑務所

　わが国の犯罪のほとんどすべては，まず，**警察**で取り扱われるといってよいでしょう．わが国の第一次的な犯罪捜査機関は警察なのです．**捜査**とは，犯罪を見つけ出し被疑者を特定して，その者について裁判を提起するための準備作業と思ってください．重要なことは①証拠を確保し，②裁判において被告人になる被疑者を捜し出して確保することだといってよいと思います．捜査機関が捜査を開始するきっかけを**捜査の端緒**といいます．最も多いのは被害者の届出です．このほかに，取り調べ，職務質問，告訴・告発等があります．

　捜査は，調べられる者の任意の同意を得て行う任意捜査と，調べられる者の同意の有無にかかわらず強制的に行うことのできる強制捜査に大別されます．任意捜査の具体例としては，被疑者等への出頭要求，取り調べ（刑事訴訟法198条），鑑定などの嘱託（刑訴法223条Ⅰ項後段）等，条文に規定されているものの他，聞き込み，尾行，張り込み，任意同行等があります．これに対し，強制捜査の典型例は通常逮捕，勾留，捜索・押収等で，それを行うには，裁判所の令状が必要です．そして，現行犯逮捕，緊急逮捕（→9, 11頁）のように，令状なしで許される強制捜査も存在します．ただ，「任意」の捜査だからといって，限界がないわけではありません．同意を得て被疑者を長

期に宿泊させるなどして取り調べた場合は違法になる場合があり，任意の同行でも「実質上逮捕と同じ」であれば，許されないのです．そして，強制捜査だからといって何をやっても許されるというわけではありません．問題となっている犯罪がどれだけ重大なものか，嫌疑がどれだけ濃いか，捜査を行なわなければならない必要性・緊急性，捜査手段が被疑者に与えるマイナスの程度等によって，捜査が許されるかどうか（現実には，そのような捜査によって得られた証拠を裁判の場で使えるかどうかが決まるのです（→124, 136頁））．

> **黙秘権** 被疑者を厳しく取り調べて証拠を集めるのは当然のことのように考えられがちですが，①真実を歪める（虚偽の自白を誘発する）という危険と，②被疑者の人権が害されるという問題があるため，憲法上，「何人も，自己に不利益な供述を強要されない」という黙秘権が認められていることに注意してください（38条Ⅰ項）．

東京・秋葉原通り魔事件 加藤容疑者の自宅から押収した段ボールを車に積み込む捜査員（毎日新聞社提供）

強制捜査の代表例が，**物の押収・捜索**です．押収とは，証拠物又は没収すべきと考えられる物を強制的に警察官の支配下に移すことです．捜索とは，人の身体，物件又は住居その他の場所についての被疑者や証拠物などの発見のために強制的に探すことです．被疑者にとって非常に重大な利益の侵害を伴う処分なので，捜索する場所及び押収する物を具体的に明示して裁判所が

発する令状なしには認められないのです（例外として，逮捕の場においては，令状によらない捜索・差押が認められます）．また，捜査官が直接見たり触ったりして，場所や物についてその形や状態などを強制的に認識し，証拠を得ることを**検証**といいます．死体を解剖したり，墳墓の発掘，物の破壊などの処分が許されていますが，当然，令状が必要です（刑訴法 218 条 I 項）．

被疑者の身柄の確保のために行われる**逮捕**とは，犯罪の嫌疑のある被疑者の身体の自由を拘束し，引き続き短時間の拘束を継続することで，この場合も令状（逮捕状）が必要です（通常逮捕）．逮捕状は，ごく例外的な緊急な場合（緊急執行——刑訴法 201 条 II 項）を除いては，事前に提示して逮捕しなければなりません．そして，逮捕した後には，①逮捕理由となった犯罪事実の要旨と，②弁護人選任権が告げられ，③弁解の機会が与えられなければなりません．そこで必要性があると認められると，検察に事件を送るまで最大 48 時間の**留置**が認められることになります（刑訴法 208 条）．ただ，身柄を拘束された者は，立会人なしで弁護士と面接することができます（**接見**）．

> **現行犯逮捕** 現に罪を行い，又は現に罪を行い終わった者については，令状なしで，一般人でも逮捕できます（刑訴法 213 条）．犯人であることが逮捕者に明らかで，誤認逮捕の虞がなく，直ちに逮捕を許す必要性が大きいからです．犯人として追呼されているとき，盗品又は明らかに犯罪に用いたと思われる兇器その他の物を所持しているとき，身体又は被服に犯罪の顕著な証跡があるとき，誰何されて逃走しようとするときには，現行犯人とみなされます（刑訴法 212 条 II 項）．

> **緊急逮捕** 緊急な場合には，まず被疑者を逮捕し，後から逮捕状を請求することが認められています．ただし，①死刑，無期，長期 3 年以上の刑の犯罪で，②これらの罪を犯したと疑うに足りる「充分な理由」と，③逮捕の緊急な必要性があり，④直ちに逮捕状を請求することが必要です（刑訴法 210 条）．

逮 捕 状（通常逮捕）	
被疑者の氏名	鈴木一彦
被疑者の年齢 住居，職業 逮捕を許可する罪名 被疑事実の要旨 被疑者を引致すべき場所 請求者の官公職氏名	別紙逮捕状請求書のとおり
有効期間	平成 21 年 6 月 30 日まで
有効期間経過後は，この令状により逮捕に着手することができない。この場合には，これを当裁判所に返還しなければならない。 　有効期間内であっても，逮捕の必要がなくなったときは，直ちにこれを当裁判所に返還しなければならない。	
上記の被疑事実により，被疑者を逮捕することを許可する。 　　平成 21 年 6 月 23 日 　　　　東京簡易裁判所 　　　　　　裁判官　　米田俊雄㊞	
逮捕者の官公職氏名印	警視庁渋谷警察署司法警察員巡査部長　早川優一㊞
逮捕の年月日時 及び場所	平成 21 年 6 月 23 日　午後 10 時 30 分 東京都新宿区新宿 2 丁目 3 番 4 号先路上　で逮捕
引致の年月日時 及び場所	平成 21 年 6 月 23 日　午後 10 時 50 分 東京都渋谷区渋谷 3 丁目 8 番 15 号警視庁渋谷警察署
記名押印	警視庁渋谷警察署司法警察員巡査部長　早川優一㊞
送致する手続をした 年月日時	平成 21 年 6 月 25 日　午前 8 時 15 分
記名押印	警視庁渋谷警察署司法警察員警部補　本山徹㊞
送致を受けた年月日時	平成 21 年 6 月 25 日　午前 9 時 50 分
記名押印	東京地方検察庁　検察事務官　石川佳子㊞

注意　本逮捕の際，同時に現場において捜索，差押え又は検証することができるが，被疑者の名誉を尊重し，かつ，なるべく他人に迷惑を及ぼさぬように注意を要する。
　なお，この令状によって逮捕された被疑者は，弁護人を選任することができる。

[3] 検察官の役割

　警察で取り調べられた事件は，検察庁に送られ（送検），検察官がさらに捜査します．検察官制度は，明治以来定着していますが，戦前は，現在と違って，裁判官と共に同じ司法省の役人でした．法廷でも，裁判官と並んで高いところに座っていたのです．戦後は，裁判所と明確に分けられ，行政官となりました．

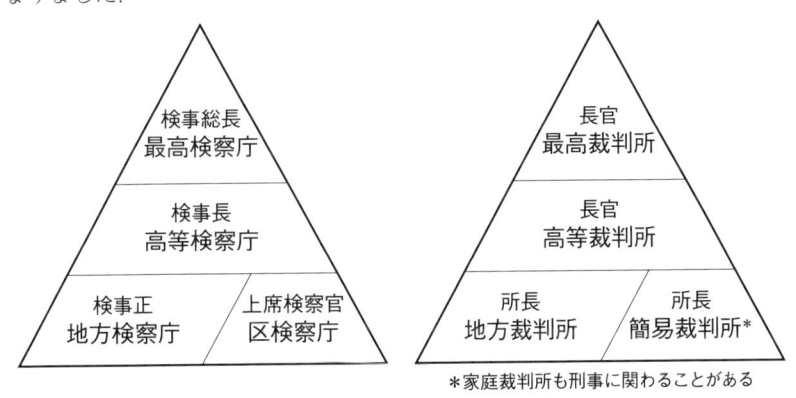

```
        検事総長                    長官
        最高検察庁                  最高裁判所

        検事長                      長官
        高等検察庁                  高等裁判所

    検事正  │ 上席検察官        所長   │  所長
   地方検察庁│  区検察庁       地方裁判所│ 簡易裁判所*
```

＊家庭裁判所も刑事に関わることがある

　被疑者の身柄を拘束している場合，検察官は送検から24時間（逮捕時から数えて72時間）以内に**勾留**するか起訴するか釈放するかしなければなりません．勾留とは，被疑者又は被告人を拘禁すること（さらに拘禁することを決める裁判）であり，相当な嫌疑と，定まった住居を有しないこと，罪証隠滅のおそれないし逃亡のおそれがあることが必要となります．勾留は**10日間**認められ，やむを得ない事情があれば10日の**延長**が可能です．このように勾留は，逮捕に比較して大変長期の身柄拘束なので，被疑者は，裁判所が公開の法定で勾留の理由を説明し被疑者はそれに対し意見を述べることが

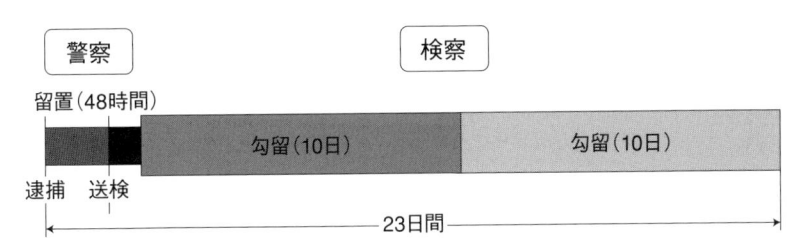

```
            警察              検察
    留置（48時間）
    ┌──┬─┬──────────┬──────────┐
    │  │ │  勾留（10日）  │  勾留（10日）  │
    └──┴─┴──────────┴──────────┘
    逮捕 送検
    └──────── 23日間 ────────┘
```

できる**勾留理由開示**を要求できます.

　検察官は捜査を終了しますと，起訴するか，不起訴とするかの選別を行います（少年事件については，起訴するのではなく家裁に送致します）．被疑者が犯罪を犯したという証拠が十分にあり，被疑者を処罰する必要があると考えたときには，裁判所に起訴するのです（起訴されると，被疑者は，「被告人」と呼ばれるようになります）．一方，被疑者が犯罪を犯したという証拠が十分でない場合や，証拠は十分でも被疑者を処罰するまでの必要がない場合には，検察官は不起訴にします．捜査の結果，被疑者が犯罪を犯したという証拠が十分でないときを，**嫌疑不十分**といい，被疑者が犯人でないことが明らかなときなどは，**嫌疑なし**と呼ばれます．さらに，被疑者が犯罪を犯したという証拠は十分だけれども，被疑者を処罰するよりも，社会復帰・更生の機会を与えた方がよいと考えられるときは，起訴しないことができます．これを**起訴猶予**といいます．起訴猶予にするかどうかを判断する際には，被疑者の性格，年齢や境遇，犯罪が軽いものか重いものか，犯罪の情状，犯罪後の情況を考慮します．不起訴には，このほかにも，時効が完成した場合や責任能力が欠ける場合などがあります.

　検察官は，捜査権限の他に，被疑者を裁判にかける（公訴提起）権限，公判で証拠を提出し，事実・法律につき意見を述べる権限，刑の執行の指揮をする権限を持っているのです．

［4］裁判員制度はなぜ評判がよくなかったのか

　次は，いよいよ裁判です．ここからみなさんが参加するわけです．

　裁判員制度の本当の意味が，現時点では，まだ国民から今ひとつ理解されていないように見えます．かなりの方々が共有していた「何で裁判員制度を導入したの？」という気持ちもわかります．多くの日本人は「刑事裁判は裁判官に任せておけばよいではないか」と思っていたからです．日本では，裁判官は，基本的に信頼され尊敬されてきました．

　たしかに，司法制度改革の流れの中で，裁判員制度を導入しようとした初めの頃には，「省庁を統合したりして行政を改革したのだから，今度は司法制度を改革しなければならない」というような抽象的で観念的な議論が先行していました．経済界の人たちが「日本の裁判状況では，特許の問題などで

欧米と競争できない」と言ってみたり，一部のマスコミは「日本の裁判は時間がかかりすぎる」として，裁判の改革を求めたのです．でも，今回導入された裁判員制度は，特許などの民事に関する裁判には関係ありません．犯罪に関する部分のみなのです．そして，日本の裁判期間は，少なくとも刑事裁判に関してはかなり短くなっていたのです．ですから，世論調査の結果として，裁判員制度の導入の必要性を感じない人が7割以上を占め続けていたのは，ある意味で当然なのです．「刑事裁判は，裁判官に任せておけばよいではないか」と考える国民が大勢を占め続けたのは予想通りのことでした．

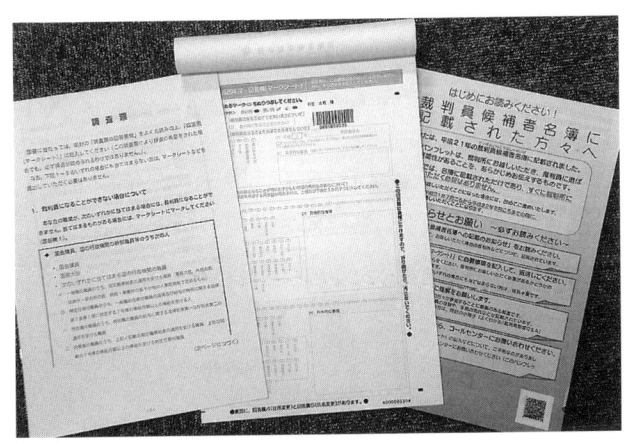

裁判員候補者に送られる裁判員候補者名簿への記載のお知らせなど
（毎日新聞社提供）

　もちろん，裁判官による裁判に対して，国民の感覚からずれていると批判されることもありました．裁判官の不祥事も皆無ではありませんでした．これを裁判員制度導入の，最大の理由に挙げる人もいました．著名な事件の結論について，マスコミなどが厳しく批判することがなかったとはいえません．その多くは「これだけのことをしたのに刑が軽すぎる」というものだったと思います．刑の重さを決めることを量刑といいます．しかし，後の「量刑に関する調査研究」でも明らかになるのですが（→145頁），日本の裁判官と国民は，そんなに「量刑感覚」「刑の重さの意識」がずれていないのです．少なくとも，多くの国民は，わが国の裁判が「公平・公正」に行われていると受け止めていると思います．その意味で，国民の側に「当初から強いニーズ

があった制度」ではないのです．今になって見れば，世論が，「自らの貴重な時間を割いてまで裁判に口出しをする必要性」を感じなかったのは，当然でした．しかし，裁判員制度はすでに動き出したのです．

> ここで考えてみてほしいのは，新しい法制度の導入，大きな制度の改革は，往々にして，今回の裁判員制度の導入と同じような動きをするものなのだということです．改革後の制度は，当初の目標や，議論を始めた頃の制度設計とはかなり異なったものとなるのです．そして，徐々に「換骨奪胎」して定着していくのです．もちろん，潰れる場合もあります．制度がうまく機能せず，最終的に国民が受け入れなければ，潰れるわけです．かつての陪審員制度は，そうだったのでしょう．要は，国民のニーズにマッチした内容が盛り込まれるかにあります．そこで問題は，現時点で「裁判員制度がもたらしうるメリットは何か」という点なのです．そして本書が主張したいのは，国民が参加することによって得られるものが，実は，これまで考えられてきた以上に大きなものであるという点なのです．

[5] 裁判員になる意味——裁判ドラマの主役になれる？

　裁判員制度には，国民にとって積極的な意味，「よい点」はないのでしょうか．それは間違いなくあります．

　裁判員に参加した国民が，法律の運用の現場に接する結果，より深く法律を知る国民が増えるという効果です．ただ，そのこと自体は，実は決定的に重要なこととまではいえないように思われます．また，刑事裁判という国の制度への，大きな負担を伴いながらの参加が，国民の公的な活動への理解や積極的参加意識を高めることも考えられます．

> ①国民の裁判への理解を深める
> ②国民の司法参加の積極化
> ③法の内容を国民に近づける

　しかし，最も大切なのは，法の内容，さらに犯罪や刑罰の考え方を国民主導で変えていくということなのです．ただ，厳密には「主導」というと，少し違います．国民の意識に近いものに変わらざるを得なくなっていくということなのです．別の言い方をすると，裁判員制度の導入により，法曹界がそ

の体質を変えていくという，国民にはまだ見えていない「大きな効果」をもたらしそうなのです．

　制度が国民の意識を変えていくことよりも，裁判員という「国民の参加」を前提とした制度・システムが，法律家・法思想を変えていくということが重要なのです．本来，有罪か無罪か，死刑か無期懲役か，実刑か執行猶予かを決定する最終的な判断者は，国民なのです．そのことがより鮮明になるのです．

　裁判員制度の導入を最も正面から受け止めて，制度の組み立てを行っているのは，最高裁判所を中心とした裁判所です．裁判所は「裁判員が加わっても使える道具」に，あらゆるものを変えざるを得なくなったのです．これまでは，「司法試験に合格したエリート」が法律を，まさに専門的に扱ってきました．法律を扱う資格を有する人を総称して「法曹」と呼ぶことが多いです．法曹とは，裁判官と検察官と弁護士のことと考えていただいてほぼ誤りはありません．

　法律の世界は，プロ資格のない者は口を出せないと考えられていた面があります，原則として．もちろん，マスコミなどの指摘に対応する形で，国民への説明義務は一定の範囲で果たされてきたともいえましょう．ただ，あくまで法律家の判断と素人の判断は，厳然と分けられたのです．そして，重要なのは，プロ集団が扱う「法律概念」の専門的厳格さであったのです．

[6] 裁判——法解釈は法曹の専権事項？

　法律の世界は，明治時代以来「欧米の真似」をしてきました．近代の法は，西欧諸国と付き合うために，明治初期に，フランスやドイツをお手本に導入されたものです（→30頁）．そして，それを解釈する専門家も，ヨーロッパの理論を学んで日本に適用するということが多かったのです．刑事の世界では，戦後，アメリカの影響も強くなります．憲法・刑事訴訟法がアメリカの強い影響の下で改正されたからです．いずれにせよ，「法学」「法理論」とは「外国語がわからないと理解できない非常に難しいもの」という，少なくとも，イメージが存在してきたのです．昔の刑法教科書の中には，ドイツ語が入ってきたりしていました．法解釈を論じるのは，大学の法学部を出た一部のエリートの特権という風に考えられていたといってよいでしょう．

東京地裁で開かれた模擬裁判　2008年11月（毎日新聞社提供）

　法学部生の数が増え，国民も法的問題に関わらざるを得ないことが増え，マスコミでも法的な問題を取り扱うことが増えてきました．その意味では，ワイドショーで，「法理論」が扱われ，いわゆる評論家やさらには芸能人までが「この法は，こう解釈すべきである」というような発言をするようになってきています．これらのことも，法を国民に近づけるという意味で，悪いことではありません．しかし，法的判断を国民の常識に近づけるという意味では，さほど大きな働きはしないと思うのです．

　裁判員裁判が本格化すると，3人の裁判官と6人の裁判員の意見によって法律の解釈も決定されるのです．たしかに，裁判官の発言は相対的に重みを持つと思いますが，最終的な「犯罪が成立すると考えるか」「刑の重さをどうするか」は，裁判員も加わって，その意味では対等な関係の下で決定され得るのです．その意味で，裁判員の得心がいかなければ，裁判官の主張も採用されません．専門家である裁判官は，法解釈，法理論に関しては非常に詳しく知っています．しかし，法解釈は，最後は「理屈ではどちらも成り立つ場合に，どちらを選ぶか」という決断が必要なのです．その部分こそ，裁判員に加わってもらって，国民の常識からかけ離れないようにする意味があるのです．条文や理論を裁判員に理解してもらうことも必要ですが，結論について納得してもらわなければならないのです．「あらゆる年代・階層の人々にも理解してもらわなければならない」という要請は，必ず，「法」「法理論」そのものに質的変化をもたらすことにならざるを得ないように思われる

のです．というか，法にとって大切なものが，より明らかになっていくと思われるのです．

裁判員裁判（合議体）の構成
・裁判員の参加する合議体の裁判官は 3 人，裁判員は 6 人です．
　＊ 第 1 回公判期日前の公判前整理手続（→ 118 頁）の結果，被告人が公訴事実を認めている場合で，当事者に異議がなく，裁判所が適当と認めるときは，その事件を裁判官 1 人と裁判員 4 人の合議体で取り扱うことができます．

裁判員の権限及び評決
・有罪・無罪の決定及び量刑の判断を，裁判官とともに行います．裁判官と裁判員の合議体の過半数が認め，かつ，裁判官及び裁判員のそれぞれ 1 人以上が賛成した意見により結論が決まります．
　＊ 法令の解釈及び訴訟手続に関する判断は，裁判官の過半数の意見によります．

　皆さんは，「法律の世界に足を踏み入れる以上はたくさん勉強しなければならない」と思っているのではないでしょうか．たしかに，法曹になるためには分厚い本を何冊も読まなければなりません．しかし，裁判員の場合には，全く違います．そもそも，法の世界で最も重要なのは「理論」でなく「結論」なのです．「難しい理論を体得すると，どんな難事件も正しい答えが出せる」と思っている人も多いのではないでしょうか．それは，誤りです．実は，法曹になるにせよ，「具体的事実を踏まえて，バランスのとれた常識的な判断を身につける」ということがなにより重要なのです．多くの教科書を読み，知識量がいかに多くなっても，自分の意見として結論が出せなければ何にもなりません．その結論が，説得性のあるもの，常識的なものでなければならないのです．そして，「何が常識的か」という規準は少しずつですが動いていくのです．だから裁判員制度が役に立つのです．裁判員は，今の日本に生きている市民感覚を裁判に注入する仕事をするわけです．

　もともと，法律やその解釈は，その時代の国民の常識に基づかなければならないことは当然で，誰も異論はないはずです．しかし，これまでの専門家のみによる裁判は，「国民の感性に合わない結論を，詭弁に近い仲間

> 内の難解な論理で押しつける」という風に見えた部分があったかも知れません．しかし，言葉は難しくても，実は裁判は，常識的な結論を探求してきたのです．今後は，説明もよりわかりやすいものとなっていかねばなりません．
>
> 　本書では，犯罪と刑罰と刑事裁判に関する基本的な情報をわかりやすく説明することを目的とします．しかし，それ以上に，裁判員が直面する最も重要な課題の例を具体的にお見せしたいと思っています．

2　「正義」は誰が決めるか

［1］裁判員制度の本当の価値とは

　裁判員制度は，裁判官と一緒に，被告人が有罪か無罪かを判断し，有罪の場合にはどのような種類・重さの刑を被告人に科すかを決める制度です．そのために，裁判員は裁判官と一緒に，公判で聴いた証言などの証拠に基づいて判断します．一番大事なことは，検事が主張するような事実があったか否かを認定することなのです．

裁判員が有罪・無罪などを判断する「評議室」
2008年10月高知地裁（毎日新聞社提供）

それは，たしかに大変な仕事です．「自分には無理なのではないか……」と思っている人が多いと思います．刑法や刑事訴訟法の難しい法律はよく知らないし，「素人が間違った判断をして被告に迷惑をかけたり，逆に被害者から恨まれたりしたらたまらない」という思いを持っている人が多いのではないでしょうか．国の行った裁判員制度に関する世論調査でも，「有罪・無罪などの判断が難しそうだ」というのが，裁判員になりたくない最も大きな理由になっています．「それは，裁判官というプロがやればよいのではないか」という気持ちもわかります．

ただ，「自分には難しい」と考えておられる点を，2つに分けて考えてみてほしいのです．まず，先ほども述べた，法律の理論や議論の難しさですね．例えば，法律に関する概念は難解なものが多いです．そして，犯罪と刑罰に関する理論は，難しいです．それについて勉強して，使いこなせなければ裁判員として役に立たないと考えている人は少ないかも知れませんが，それに近いイメージから「不安」を感じている方は多いと思うのです．法律の議論について，司法試験に受かる程度まで勉強しろと言われたら困りますよね．裁判員にそんなことは絶対に求めていません．その意味での法律家はごく一部で足りるし，そうでなければ困るのです．もちろん，裁判員制度をきっかけに，刑法や刑事訴訟法にこれまで以上に関心を持っていただくことは，大変素晴らしいことです．でも，裁判員にとって法的知識の多さは問題ではないのです．裁判員制度は，「国民の代表としての常識的判断」を期待しているのです．

重要なのは，もう1つの「有罪・無罪の判断が難しそうだ」という不安なのです．「私が人を裁くなんて……，私には荷が重すぎる」という漠然とした不安の根底にある問題です．

[2] なぜ人（国民）が人を処罰しうるのでしょうか

刑事事件の一定の部分，実はかなりの部分は，「神様」しか見ていません．被告人が被害者を刺殺したとして起訴された事件において，たとえ現場を目撃した人が誰もいないような場合でも有罪にすることは，しばしば見られます．さまざまな証拠によって「被告人が殺した」と認定できることがあるからです．例えば，被告人と被害者のみがその時間にその部屋にいたという証

言があり，被害者の血液の付着した包丁が被告人のアパート内から見つかり，死体（被害者）の衣服から採取された唾液のDNA型式が被告人のそれと一致し，被告人には被害者を殺害する十分な動機があるような場合，そして，被告人が被害者の包丁による刺殺を自供している場合，被告人に殺人罪の成立を認めることに躊躇する人は少ないのです．でも，「神様の水準」から見たら，断定はできないのかも知れません．裁判員制度が導入されるということは，皆さんがこのような事件の有罪・無罪を決定する判断に参加することを意味するわけです．

それでは，被告人が，「自供は誤りで，俺は殺していない」と言い出したら，どうでしょう．困りますね．先ほどの状況より迷いますよね．犯人が「やっていない」と言い出したのに，「お前がやったのだ」と断定することに躊躇する心が強まるかも知れません．でも，判断できないのでしょうか．そういうことは，専門家である裁判官しかできないのでしょうか．そんなことはないはずです．

先ほどのような証拠が存在している以上，それを被告人に質問してみれば，公判段階での供述が正しいか否か判断できるはずです．例えば「常識的に考えて，やっていないことはあり得ない」と判断することはできると思うのです．この，「常識に則った判断」は，通常の国民の目線，すなわち裁判員の考えを前提にしているといってもよいのです．

相撲の関取が大麻の事件に関与したと疑われたときにテレビカメラに向かって「俺はやっていない」と何度も言い切りました．あれを見て「あれだけ言うのだからやっていない」と思った人も多いかも知れません．でも，信頼のおける機関が検査したら，吸引したことを示す陽性の結果が出たとしたらどう評価するのでしょう．迷うのですが，結論を出さなければいけないですよね．

今までは，その作業を法律のプロの裁判官に任せていました．しかし，それは，裁判官の「知識」で答えを出してきたことではないのです．法律家として研鑽してきたことによって得られた「国民の常識を汲み取る力」で対応してきたのです．でも，これからは，その作業の際に，国民の代表に直接意見を聞かせてもらおうということになったのです．

それでも皆さんは，「そう言われても……」と思うでしょう．しかし，皆

さんは，仕事や日常生活の中で，さまざまな判断・決断をしていると思うのです．例えば，本人が「右だ」と言い張っても，動かし難い証拠が出てくれば，「左だ」と判断して作業を進めることはあるのではないでしょうか．実生活でも，これに似た評価は，しばしば出てきます．先ほどの大相撲の力士が大麻を吸引したかという問題も，本人が「絶対にやっていない」と言い張っても，薬物の検査で陽性が出てくれば白なのか黒なのか心の中で結論を出す作業をやれるのではないでしょうか．「証拠に基づいて事実を認定する」ということは，私たちが日常生活を送る上で，いつもしていることなのです．裁判官のようなプロでなければできないわけではありません．

[3] 推定無罪——疑わしきは被告人の利益に

　皆さんの中には，「推定無罪」とか「合理的な疑いを超える証明」という言葉を聞いたことがある人も多いでしょう．被告人に刑罰を科すか否かの判断ですから，慎重でなければなりません．被告人に刑罰を科そうというのですから，かなりの確実さが必要です．そこで被告人が無罪なのではないかという「合理的な疑い」が残ってはならないということになるのです．裁判員の場合も，「法廷で示された証拠では，被告人が有罪であることについての合理的な疑いが残る」と判断されれば，無罪としなければならないのです．犯人であることが確実でなければなりません．問題は「確実」の中身なのです．

　「確実」とは，100％の証明が必要だということではありません．そのように証明できればよいのですが，刑事裁判は，被告人が犯罪を犯したかどうかという過去の事実を証明しようというものですから，裁判官も，裁判員も，その場面を直接見聞きすることは不可能です．そこで一切の推論や評価を排除して，100％の証明を要求すると非常に不合理なことになってしまいます．しかし，証拠や証言で「犯罪を犯したことに間違いない」と判断することができる場合があるはずなのです．裁判官・裁判員は，真っ黒なもののみを有罪にするのではなく，白と黒の中間の「灰色」の部分について，合理的に考えて有罪にしてよいか否かを判断するのです．

　裁判での事実認定のやり方も，日常生活での事実認定のやり方と基本的に同じなのですが，刑事裁判では，被告人が有罪かどうかを判断し，有罪の場

合には刑罰を科すことになりますから，それだけ慎重な手続が採られています．

> 最高裁は平成19年10月16日に「刑事裁判における有罪の認定に当たっては，合理的な疑いを差し挟む余地のない程度の立証が必要である．ここに合理的な疑いを差し挟む余地がないというのは，反対事実が存在する疑いを全く残さない場合をいうものではなく，抽象的な可能性としては反対事実が存在するとの疑いをいれる余地があっても，健全な社会常識に照らして，その疑いに合理性がないと一般的に判断される場合には，有罪認定を可能とする趣旨である」と述べています．

ここに，裁判員の仕事の「神髄」が示されているのです．その趣旨をわかりやすくいうと，抽象的な可能性としては被告人が殺害したと100%言い切れない場合であっても，健全な社会常識に照らして，その疑いに合理性がないと一般的に判断される場合には，有罪とすることができるということです．そして，健全な社会常識に照らして，その疑いに合理性がないと一般的に判断される場合か否かという点に，裁判員が関与することの意味があるのです．ここでまた「法的知識のない自分に，裁判官でも大変な難しい判断をしろと言われても…」という声が聞こえてきそうです．

しかし，違うのです．この点においては，法的知識など必要ないのです．今の時代を生きる日本人の常識が必要なのです．まさに裁判員が必要な部分なのです．

そして，「合理的な疑いを超える証明」（合理的な疑いをいれない証明ともいいます）というと難しそうに聞こえますが，「常識に照らして，事実はこうだったであろうと納得できるだけの証明」のことであり，「合理的な疑い」つまり，「常識的に見てもっともな」疑問が残るか否かを判断すればよいのです．

この判断は，さまざまな証拠を総合して判断しなければなりません．100のうち1つでも有罪を基礎づけるのと逆の証拠が出てきても，無罪にしなければならないわけではありません．この点はもう理解していただけたと思うのですが，複数の情報を総合して判断する作業には少し慣れがいるかも知れません．その意味では，多くの事件に直面してきた法律家は，少し優れてい

るかもしれません．でも，日常生活の中で，多くの部分的には矛盾し合う情報を総合して評価する作業は，皆さんも行ってこられたと思うのです．

3 本当に素人でよいのですか

[1] 明治以来の刑事法の主役の交代──専門家から国民へ

　これまで，法曹というのはエリートであり，それなりに高度な能力を持っている人と考えられてきました．それは，かなりの部分，正しいと言えましょう．しかし，法律の肝心の部分は，これまで述べてきた有罪・無罪の点以外でも，国民の常識に則ったものでなければならないのです．その意味で，裁判員制度の導入は刑法理論に，根底からの変化をもたらすことになると思います．その変化は，ゆっくりと顕在化するとは思いますが．

　「理論」で答えが出るのではと考えられてきた，2章以下の刑罰や犯罪の問題領域でも，実は，裁判員の判断を加味していくべき問題はたくさんあるのです．これらの問題の結論の妥当性は，高度な，素人にはわかりにくい法理論を使えるかどうかとは，ほとんど関係ありません．その時代の国民の声が反映されていなければならないのです．刑法の理論は，結論が大きく揺れ動くことを防ぐガイドラインと考えた方がよいと思います．正しい結論をもたらすために理論が必要だということは，誤りではありません．しかし，法の世界では，何が「正しい結論」かは，地域や時代で異なりうるのです．そして，やっかいなことに「正しさ」も動くものなのです．

　ロス銃撃事件の裁判で，共謀罪の存在がクローズアップされました．日本では，共同して殺人を犯そうとした場合に，誰かが殺す行為を開始しないと（実行行為の開始→47頁）処罰の問題は出てきません．それが学説上，理論的に正しいとされています．判例もそのように運用されています．ただ，アメリカはそうではないのです．客観的に殺す行為を誰かが始めなくても，処罰しなければならない場合があると考えているわけです．理論的に，どちらが正しいと言ってみても仕方のないことなのです．

　そして，日本と同じ処罰範囲であったものが変わってしまった場合もあります．日本でもイギリスでも，殺人をそそのかした場合に，そそのかされた

者が実行を開始しないと，そそのかした者は未遂にもならないと考えてきました．ところが，イギリスでは，テロの多発や犯罪状況の悪化の中で，そそのかされた側が全く何もしなくても，そそのかした者を処罰することにしたのです．その際には，学説は全く動きませんでした．国民の声により，法律が変えられたのです．

　どこまでを未遂として処罰するかについても同じことが起こりました．イギリスでは，「塩を飲ませて殺害しようとしたが殺せなかった」というような場合を，殺人未遂で処罰するように変わりました．日本では「不能犯（→51頁）」として無罪となると思います．殺人未遂で処罰するほどの危険な行為をやっていないと考えるわけです．塩を飲ませても死ぬわけがないのですから，イギリスでも同じだったのが，変わったのです．「現に殺そうとしたではないか」「そんな危険な行為者は処罰すべきだ」ということになりました．

　実はこのイギリスのような考え方を，日本の法律の下で主張した学者もいました．理論としては十分に可能なのです（→51頁）．しかし，その「理論」は支持を得られず否定されてきました．「客観的に殺人の結果が発生する可能性がなければ殺人未遂として処罰してはいけない」というのが正しい理論のように語られることもあります．しかし正確には，「殺人の結果が発生する可能性がなければ殺人未遂として処罰してはいけないと，国民が考えている」という方が実態に近いといえましょう．

　裁判官と裁判員の対話は，これまでの「正しい結論」を徐々に動かすことになると思います．それは，「俗な考え」になっていくことではありません．今まで以上に，主権者である国民の常識に近づいていくのです．

　裁判員制度の目的を「国民に法や国のことを考え，司法という国家の機構に主体的に参加してもらう」という点に求めるのは，誤りではないですが，少しピントがずれているように思うのです．もともと裁判の主役でなければならない国民が，より直截な形で関与し，法概念をより常識的なものとすることこそが重要なのです．裁判が国民に近づくべきなのだとすれば，それは基本的には，裁判結果が国民の常識に基づくようにすることが重要なのです．

戦後日本の犯罪率の推移

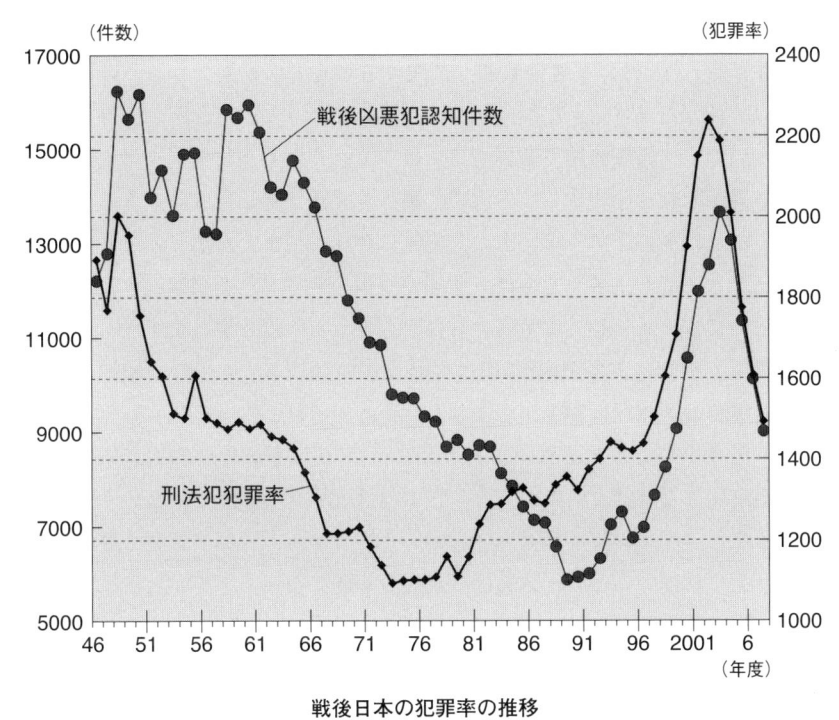

出典：各年度の犯罪統計書

[2] 戦後日本社会の変化と国民の判断

　第二次世界大戦後，警察や刑罰権といった国家権力の発動がでたらめなものにならないようにするために，刑事システムにおいて厳格な法運用が目指されてきました．捜査のために許される範囲は限定されるべきですし，罪刑法定主義を徹底しなければならないと考えられてきました．戦前の刑事システム運用に対する反省を踏まえ，国民の権利を守るための厳格な法運用が強調されたのです．刑事司法の目標というのは，あくまでも「法」の枠内での犯罪検挙の完遂にあったのです．真犯人を取り逃がすことより，捜査や処罰に行き過ぎがあってはならないとされました．

　それが，1980年代から微妙に変わってきました．まず，戦後の社会の変化の中で新しい問題が徐々に積み上げられていったのです．そして，単に外国の議論を輸入していたのでは対応しにくいような，わが国固有の問題も集

積されてきました．そこで，それに対応する「新しい理論」が要請されたわけです．もう1つは，「処罰範囲」に関する考え方の転換です．一時期の議論には，誇張しますと，「処罰範囲が狭いほどよい」という面があったように思うのです．捜査機関や裁判所は，ほっておくと不当に処罰を拡大するので，学説がそれを限定する．学者の仕事は，実務が処罰を広げ過ぎるのを批判することにあるという考え方が，底流に存在してきたと思うのです．それを支えてきた最も主要なものは，犯罪が減少し続けてきた戦後日本社会だったと思います．肌で感じる治安の良さが存在したのだと思います．

　しかし，それは実は1980年頃に終わっていたのです．犯罪の増加にあわせて，実務の法状況は動き出しました．そしてそれから10年か20年遅れて，学説も動き出したのだと思います．「果たして法文を厳格に解釈適用して処罰を限定するだけでよいのか」と．日本では刑事立法が難しいということを考えますと，国民の生活利益を守るという観点からは，刑法を狭く解釈しておきさえすればいいという議論は，説得力が弱くなってきていたと思うのです．

　その結果，警察に対しても，「明々白々の犯罪が行われるまでは手を出すべきでない」という考え方に対して，「国民の安全に必要であれば積極的に介入すべきだ」という議論が見られるようになってきました．児童虐待，ストーカー，DV等に関する一連の立法などを見ていますと，さらにその方向は強まると思うのです．しかし，処罰が広がれば広がるほどよいというわけでは，もちろんありません．ごく最近，犯罪発生状況も変化してきました．今後は逆の方向に国民の意識も変わっていく可能性もあるのです．

　このような流れの中で，裁判員制度が導入されました．まさに国民の納得のいく処罰範囲が探求されていくのです．

第2章 刑罰制度は何のためにあるのですか

1 人が人を罰することがなぜ許されるか

[1] 罰とは何ですか 刑とは何でしょう

　刑法というと「いかなる行為を犯罪として処罰するのか」ということがまず頭に浮かぶでしょう．これを**犯罪論**と呼ぶことがあります．裁判員も「罪」が存在するか否かを判定し，存在が認められたら相応しい罰を考えていくわけです．

　では，そもそも「罪」「犯罪」とは何なのでしょうか．もちろん，社会的に見て悪い行為です．ただ，世の中に「悪い行為」はいろいろありますよね．その中で，犯罪として扱われる行為は，どういう特徴があるのでしょうか．その答えは，「**刑罰が科されると法律が決めている行為**」なのです．

　「法律で決めている」という部分は，後で説明します（→40頁）．ここでは「刑罰が科される行為」について考えてみましょう．刑罰とは，死刑，懲役，禁錮，罰金，拘留，科料です．命や自由，そしてお金を被告人から奪うのです．その意味で，重大な害悪です．犯罪とはこのような害悪を，しかも国家が与えるべき行為なのです．

　「これらは，法律上の罰であり，これ以外にも罰はいろいろある」という疑問を持つ方も多いでしょう．その通りです．ただ，裁判で問題にするのは法律上のものに限られます．法律の世界なのです．しかも，裁判員制度は，刑事の世界に限られます．ですから，ここで問題にするのは，刑法に定められた刑罰なのです（刑法9条）．

　そして，刑法の考え方の土台には，「なぜ，害悪である刑罰を国民に科す

ドストエフスキー『罪と罰』上巻
（岩波文庫，1999年）

ことができるのか」という問い（刑罰論）があるとされてきました．

[2] 応報刑と目的刑

刑罰論については，大きく2つの考え方が対立してきたといってよいでしょう．1つは，応報刑と呼ばれる考え方であり，他方は目的刑と呼ばれる考え方です．

応報刑の考え方は，犯罪を防止する効果がなくても「正義」のためには刑罰を科さねばならないという考え方だと言ってよいでしょう．「目には目を，歯には歯を」という言葉（同害報復）を聞いたことがないという人は少ないはずです．悪いことをしたから，それに応じた罰を受けるのです．そして，それだけなのです．刑罰は何かの目的を達成するために科すのではないのです．ただただ，「悪いことをしたから罰する」のみなのです．ここで1つ注意しておかねばならないのは，「応報」「同害報復」というと，過度に厳しい刑罰を想定しやすいということです．実は，**同害報復**の範囲内でのみ刑罰を科すため，次に述べる目的刑の考え方より，「刑罰が軽くなる」ことがあることは覚えておいてください．あくまでも犯した「悪」以上の「罰」はないのです．

これに対し，「犯罪が起こらないように見せしめにする」とか「二度としないように痛い目にあわせる」というように，犯罪を防ぐ目的のために刑罰を科す考え方を，**目的刑**（論）と呼びます．「刑罰は広い意味での犯罪防止の目的のために科される」という目的刑の考え方は，応報刑論が「犯罪が起

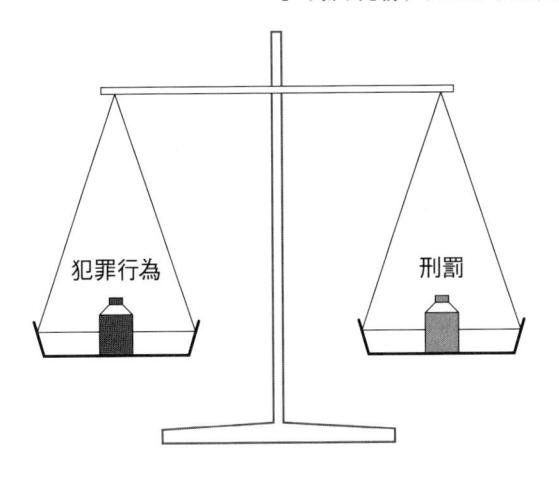

こったから刑を科す」のに対し，「犯罪が起こらないように刑を科す」ともいえるでしょう．目的刑論のうち，刑罰の持つ広い意味での威嚇力により，一般国民が犯罪に陥ることを防止しようとする考え方を**一般予防論**と呼びます．「見せしめのための公開処刑」は一般予防の典型かも知れません．しかし，現在の日本では考えられませんよね．ただ，銃器犯罪対策のために，刑罰を引き上げたことを覚えている方も多いと思います．「銃を所持しているだけでこれだけ重く処罰されるのなら，持つのをやめておこう」．これも一般予防です．国民一般が犯罪に陥らないようにするために，刑罰が存在すると考えるわけです．これに対して，特別の人，すなわち犯罪を犯した犯罪者自身が犯罪を再び犯すことがないようにするための制度が刑罰であるという考え方が，**特別予防論**です．刑務所の中で，犯罪を犯した者を改善し，教育すると考えるのです．極端な議論としては，犯罪者としての危険性を取り除くために，大脳の一部を切り取って「安全な人間」になってもらおうという議論が出てきたこともありました．これは特別予防の極端なものです．性犯罪を繰り返す者に薬物を投与するという議論も，特別予防論です．

　一般予防の観点からは刑が重いほど効果が大きいと考えられやすく，また特別予防論でも，改善されるまで「教育する」とされる危険性がないわけではないことを忘れないでください．「目的刑の方が合理的な考え方で，科学的でもあり進んでいて，応報刑より優れている」と，簡単には言い切れないのです．むしろ目的刑，特に特別予防論は，「犯罪性が改善されるまでは刑

犯罪が起こったから刑を科す　　犯罪が起こらないように刑を科す

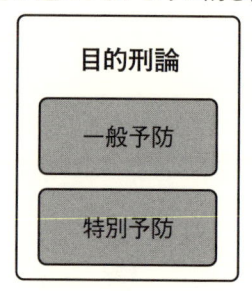

```
     応報刑論              目的刑論
                          ┌─────────┐
                          │  一般予防  │
                          └─────────┘
                          ┌─────────┐
                          │  特別予防  │
                          └─────────┘
```

務所に入れておけ」ということになりかねない危険性が強く意識されたために，戦後のわが国では，応報刑論が有力であったのです．

　日本の刑法理論は，現在につながるという意味では，明治以降に始まるわけです．そして，日本では，刑罰の説明を，**近代ヨーロッパの刑法**の理論から始めることが多いのです．その理由は単純明快で，日本の刑法は，後で説明しますように，明治初期にフランス，ドイツを真似てつくられたからです（→38頁）．お手本である，というより輸入元である国に学ぶことはごく自然のことでした．そこで，フランスやドイツの罪と罰の歴史が，日本の歴史となっていったのです．本当は，江戸時代までの日本人の罪と罰の考え方が存在していたのですが．

　100年以上の歴史の中で，ヨーロッパ型の法の考えが，日本に馴染んできた面はあります．それは，洋服が現代の日本で全く違和感のないものとなっていることに似ているのかも知れません．ただ，定着するプロセスでは，やはり，日本的な考え方とぶつかり合いながら，変形してきたと思われます．そして，常にわが国の具体的な社会の課題に直面し，これからも変化していくのだと思います．裁判員制度は，その点で，画期的意味を持つことになると思うのです．

　法制度が外国の影響を受けた以上に，学問が西欧を重視してきたといえます．刑法の古い教科書ほど，ドイツ語がたくさん出てきます．例えば，カントやヘーゲルの名前は，必ず出てきました．彼らが築いた近代自由主義を基本とした刑法理論が，理論を構築する際の基礎となる「岩盤」のように考えられてきたのです．

2 「刑事責任」とは

[1] 2つの考え方の流れ

19世紀前半のヨーロッパでは，まず「個人」，とりわけ理性に従って行動する合理的な個人を念頭に置いた刑法学が有力になります．それを**旧派**と呼んできました．この考え方の基本には，応報刑論があります．ヘーゲルの「犯罪は法の否定であり，刑罰は否定の否定である」という説明は有名です．刑罰の予防効果を認めないのです．この考え方は，理性に基づいて，自ら犯罪行為を選択したから非難することができるのであり，刑罰を科すことができるという**道義的責任論**を主張しました．

ところが，ヨーロッパ社会は，産業革命等の影響で大きく変わっていくわけです．農業中心の社会から，工業が重要な位置を占めるようになっていくわけです．人口が都市に集まっていったのです．これも簡単にまとめるのは危険なのですが，人が都市に流入し犯罪が増える，アル中が増える，常習犯が増える．新しい犯罪類型も登場してくる．「食えないから盗む．生きていかねばならないから盗む」．そういう社会で，「犯罪は法の否定であり，刑罰は否定の否定なのだ」という説明が説得力を失っていったのです．さらに，応報，同害報復ですと，食べるために軽微なものを盗んだのなら刑は軽いということになります．そうしますと，捕まって短期に刑務所に入ってもすぐ出てくる．また繰り返す．そこで，「刑罰に効果はないではないか．刑罰って何のためにあるんだ」という批判が出てきたのです．

さらに，重要なのは，同じ人が何回も犯罪を繰り返すのを見ていると，「犯罪に**原因**があるからではないか」と考えるようになっていったのです．ところが，旧派の発想では「犯罪には原因はない」ということになるのです．理性に基づいて犯罪行為を選択しているのであって，何か原因があるから犯罪を犯すのではないと考えるのです．

それに対して，「犯罪に原因がある」という新しい考え方が有力に主張されるようになったわけです．これを**新派**と呼びます．この考え方は，さらに2つの流れに大別されます．1つは，犯罪の原因を犯罪者自身の個人的・生物学的な要因に求める立場です．例えば，イタリア学派を代表する**ロンブロ**

ーゾという精神病医学者は，受刑者の頭蓋骨等の特徴を綿密に調査することから，犯罪者には一定の身体的特徴があると主張し（生来性犯罪人説），ダーウィンの先祖帰りの現象が犯罪者に見られるとしたのです（現在ではこのような単純な説明を用いる学者はいません）．他方，「社会が悪いから犯罪が発生するのだ」として，犯罪の原因を主として社会関係に求めたのがフランスの社会学者達でした．犯罪を統計学的，社会学的側面から研究し，「犯罪をなくすには社会を良くしなければならない」として**社会政策**の必要性を力説したのです．

> 　新派の学者達は，刑法とは生物学的・社会的原因によって生ずる犯罪から社会を防衛する手段であり（**社会防衛論**），刑罰は社会にとって危険な性格を有する犯罪者に対する社会防衛処分であると位置づけました．応報刑論においては，自由意思に基づく行為に対する非難が刑事責任の基本でしたが，新しい考え方の下では社会にとって危険な性格を有する者は刑事処分を甘受しなければならないということになったのです（**性格責任論**）．犯罪を防ぐために，その社会的原因を社会政策により排除すべきだし，個人的な犯罪原因については改善（教育）すべきだということになるのです（**教育刑論**）．この考え方は，改善・教育が認められるまでは刑罰を科すという，不定期刑の考え方と結びつくことになっていくのです．

　日本は，ちょうどこの新派対旧派が激しく対立する時期のヨーロッパの理論を輸入したわけです．日本の新派の学者達は，目的刑論，特に教育刑論を採用し，それに基づく主観主義犯罪論を展開しました．すなわち，犯罪には原因があるとし，社会的責任論・性格責任論をその中核としたのです．犯人の危険な性格に着目して処罰するのです．その結果，犯罪の成否の判断において，犯罪者の主観面を重視することになりました．論理的には必ずしも結びつかないのですが，「心の中で犯罪を犯そうと考えたら，客観的に外部に結果が生じなくても処罰してよい」という主張になっていきます．

　これに対し，日本の旧派の最も基本となるのが応報刑論であり，それと不可分のものとされた道義的責任論であったわけです．具体的犯罪行為を非難できることが大切だとされました．そして，第二次世界大戦後の日本社会では，旧派が強かったといってよいと思います．新派の教育刑・不定期刑の考え方には批判的な人が多かったという面もあります．また，主観主義は処罰

範囲の拡大と結びつくので，支持が少なかったのです．もっとも，新派が有力な領域があるのです．それは，刑罰を執行する行刑の世界です．たしかに，実際に犯罪を犯した人を扱う矯正施設（刑務所等）では，新派的な，原因を取り除いて教育するという発想が圧倒的に有力なのは，自然だったと思います．

	犯罪論	責任の考え方	犯罪の原因	犯罪理論
旧派	応報刑	道義的責任論	犯罪は自由な意志で犯す	客観主義
新派	教育刑	性格責任論	犯罪は原因があるから生じる	主観主義

[2] 応報刑と目的刑はいかに関わり合うのでしょうか

　ただ，戦後の日本では，学説，実務が旧派的であり，応報刑中心であったといっても，刑罰の犯罪予防効果を全く無視してきたのではないことも確認しておかねばならないのです．特に一般予防効果は重視されたのです．その意味で**相対的応報刑論**が支配してきたといってよいでしょう．それでは，応報刑と目的刑は，どういう関係に立つのでしょうか．いかにして結びつくのでしょうか．

　ここで，「応報刑と目的刑のどちらが正しいのですか」という発問は無用な混乱をもたらします．そもそも，「罰」の考え方は，国民一人一人の宗教観・価値観と深く結びつきます．人によって意見が異なるという部分は残らざるを得ないのです．さらに，犯罪を発見し捜査し処罰する際に用いる「罰」の意味と，裁判の段階，さらに，刑務所で処遇する段階の「罰」の考え方は，同じではないのです．次第に，教育・社会復帰の視点が強くならざるを得ないのです．そして，何より重要なのは，多くの国民が「応報もあるけど，犯罪抑止も考える．両面ある」と考えていることなのです．

　もちろん，現代の社会科学の存在を前提にすれば，やはり合理的な効果の有無の検証の視点抜きに，刑罰論を考えるのは不毛だと思います．「因果応報」のみで罰を語るのは，説得力に欠けると思っている人が多いと思います．ただ，いまでも国民は，応報を中心に「罰」を考えることが多いのです．そしてそれは，合理的な，分析的な刑罰の議論と矛盾するものではないと思

日本の刑罰観2006

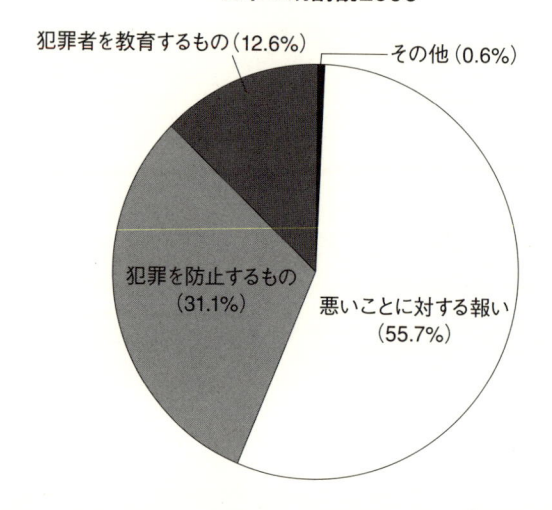

- 犯罪者を教育するもの（12.6%）
- その他（0.6%）
- 犯罪を防止するもの（31.1%）
- 悪いことに対する報い（55.7%）

われます．刑罰の効果とマイナス面をできる限り明らかにしたとしても，最終的には国民として，「どのような行為に刑罰を科すのか」という決断・価値判断が残らざるを得ないのだと思います．これまでの科学主義では拾いきれなかった「効果」，それにはマイナス効果も含まれなければならないと思うのですが，それらを考慮していく必要があると思います．その際に，最も問題となるのは，「規範的評価（処罰すべきか否かという評価）」と効果の関係なのです．やはり，法律学の法律学たる所以というのは，価値的，つまり「その人の好み」に関わる部分が残るということだと思うのです．

結局は，罪と罰の考え方のギリギリ最後のところの判断をするのは，国民なんですね．国民の規範意識によって最終的な決定はなされなければならないのです．民主主義の最も重要な部分だといってもよいと思います．法曹はこれまでも，国民の常識を汲み上げて，うまく犯罪を防止できるかについて努力してきました．そのときに，わずかではありますが，ヨーロッパ流の「刑罰の考え方」を重視しすぎて，「国民一般には理解できないかも知れないが，正しい理論があり，それによって処罰範囲を考えていかなければならない」「国民判断に従っていたら，感情に流される」「衆愚による裁判は避けなければならない……」．しかし思いあがってはいけないということなのです．問題は「理論」とは何だったのかということだといってもよいでしょう．そ

の中には，その理論の主張者の価値判断が入っているのです．また，外国の理論は，その国の国民性や風土などによって色づけされているのです．

　現時点では，刑罰制度は国民のためになるから，役に立つから害悪である刑罰は許されるという説明の方が受け入れられやすいかも知れません．そしてそのことと，国民の約56％が刑罰の第1の意味を応報に求めていることとは，矛盾しないのです．「国民の利益になる効果」を得るには，応報的な考え方が必要だからです．罪に応じた刑といっても，科学的にコンピュータがはじき出してくれるわけではありません．結局は，今の日本人が「これだけのことをしたのだからこの程度の刑が妥当だ」と考える内容を求めていくことにならざるを得ないのです．その意味でまさに応報といってよいでしょう．

　そして，刑罰を科す行為には，一般人が肯定するような「道義的非難」が必要です．犯罪抑止効果がありそうだからといって，非難できない人を罰することは，許されないのです（**責任主義**）．それは，国民の利益につながる効果をもたらさないからです．そういう処罰だから一般人が納得するのだと思うのです．個々の国民の具体的納得ではなく，全体として受け入れられるという意味です．処罰が国民一般から見て，不当なものであれば，「どうしてあの人を処罰をするんだ．ただの事故じゃないか．防ぎようがないじゃないか」という場合まで処罰するのならば，自分はどうしたら処罰を免れられるかわからないということにもなってきます．結局，刑罰制度に対する信頼が得られない，社会秩序維持機能が働かないということになってくるのだと思います．

　国民一般として，非難に値する行為さえしなければ処罰されないということで，何をしたらいけないかわかる．国民からの予測可能性というのは重要なのだと思います．一般予防効果を重視する人が多いということからも，重要なのです．

> 　また，非難の観点を抜きに処罰すると，これは特別予防の面から見ても効果が減じてしまうでしょう．要するに，行為者が非難に値しないのに処罰されたら，「運が悪かったから処罰された」と思うにすぎないからです．非難可能なときにのみ刑を科すという責任主義は，道義的責任論が考えてきたような，哲学的，演繹的に「自由意思」から出てくるものではないの

です．精神に障害がある人の行為についても，どこまで非難可能かは，国や時代によっても動くのです（→ 104 頁）．

　そして，国民から見てあまりにもアンバランスな刑は，刑罰制度の信頼を失わせていくでしょう．刑罰制度が国民から見て納得のいくものだから，機能していくのです．このバランスは「目には目を，歯には歯を」というほど単純にはいきません．現代の日本国民から見て，「重すぎる」というものは排除されていかねばならないのです．これは，哲学的に出てくるのではなくて，今の日本の国民が非難可能かということは，その時代ごとに動いていく．だから，刑の重さについても裁判員が関与するのです（→ 143 頁）．

第3章 犯罪とはどのようなものですか

1 専門家は犯罪をどう定義するか

[1] 日本の刑法の特徴

　刑法とは，**刑罰に関する法律**です．そして，**刑罰を科すべき行為**が**犯罪**なのです．その意味では，刑法とは，何が犯罪かを示す規準です．犯罪のメニューと考えていただいてもよいですし，物差しという感じでもあります．犯罪とは，形式的には，法律が刑罰を科すことを明示した行為であり，実質的には，現在の日本国民が「処罰してもらわなければ困る」と考える行為であるといってもよいでしょう．刑罰というのは，生命（死刑）や自由（懲役・禁錮・拘留）や金銭（罰金・科料）を奪うことです．国家が，この害悪である「刑

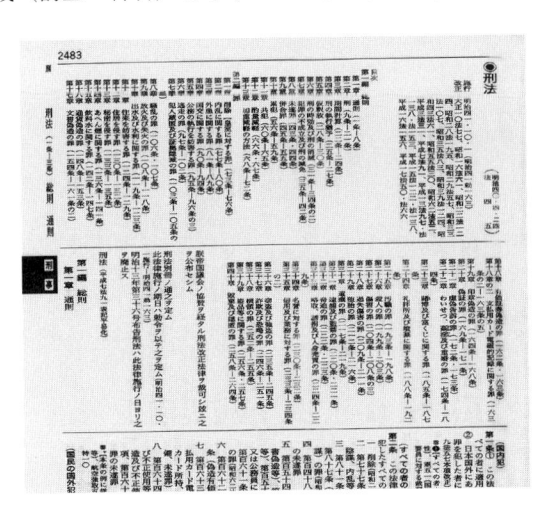

罰」を使うことが許されるのは，その害悪以上の利益が国民全体に得られるからであるはずです．そこで，犯罪とは，その「刑罰」を用いるに値するだけの「国民にとって有害な行為」，すなわち，「その国の国民が刑罰を使ってまで守ろうとする利益を侵害する行為」と定義することができるでしょう．そしてそれは，時代の価値観と刑罰の種類・内容とも連動するものなのです．「国の差や時代を超えて妥当する犯罪のリスト」等というものは存在し得ないのです．

　日本の刑法は，明治時代に大きく変わります．西欧の影響を受けた法律がつくられたからです．そして，刑法の考え方も同時に輸入され，その時点以降，刑法の考え方は大きく変化したのです．それまでの刑罰法規としては，幕府領には御定書百箇条が，大名の領地には各藩法が適用されていました．大政奉還直後もその体制は基本的には維持され，それに若干の手直しを加えて対応していました．しかし，西欧先進諸国との不平等条約撤廃のため西欧法制度導入の機運が高まり，西欧型の刑法理論が導入されました．1874（明治7）年11月にはフランスからパリ大学教授のボアソナードを招聘し，彼を中心にフランス型の刑法の編纂が開始され，1880（明治13）年「旧刑法」として公布されました（1882［明治15］年施行）．しかし，旧刑法施行後まもなく，当時の政府は「共和制国家であるフランスより，立憲君主制を採用していたドイツの方が，わが国のモデルにふさわしい」と考え，1908（明治41）年に刑法を現行のものに改正したのです．実はこれが，現在でも妥当している刑法典なのです．その結果，「本家」であるドイツの刑法理論は，日本の刑法学に多大な影響を与えることになったのです．刑事訴訟法もほぼ同じような経緯をたどるのですが，第二次世界大戦後に，アメリカの強い影響の下，法改正がなされたのです．

　今まさに裁判員制度が始まりました．それは，「刑法改正」に匹敵する変化なのです．いままでは，プロの裁判官だけが，この刑法や刑事訴訟法を解釈し「何が犯罪か」を決めてきました．今後は，全部ではありませんが，抽選で選ばれた国民の代表が，その作業に加わるのです．単純に，「それによって民意が反映されやすくなる」という積極評価だけではないと思いますが，刑法理論が「国民が犯罪として処罰を求めるものを明らかにするために存在する」ということが，より明確になることだけはたしかです．今後はより一

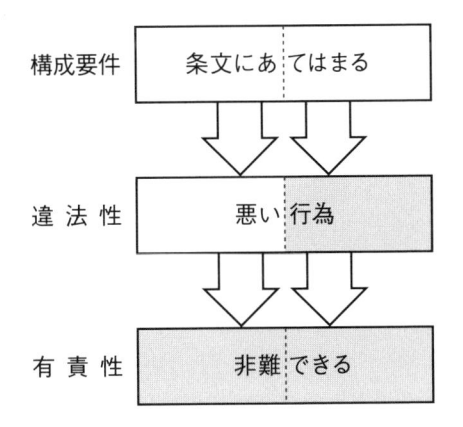

```
構成要件  条文にあてはまる
             ↓
違 法 性   悪い 行為
             ↓
有 責 性   非難 できる
```

層,現在の国民の意識に適合した刑法(学)が要求されるわけです.

[2] 犯罪について大学の刑法の講義では,まずこういう定義から始めます

「犯罪とは,構成要件に該当して,違法で,有責な行為である」.これは,犯罪とは構成要件,つまり法律に定められた一定の行為の類型にあてはまる行為で,その行為が「悪いものである」と評価され,そして被告人に責任が認められなければならないということを意味します.非難することができる場合に責任があるとされるのです.犯罪論は,構成要件,違法性,責任の内容を明らかにしていく作業ということになるわけです.

ただ,注意しなければいけないのは,犯罪には,自然科学者が探求するような「本質」は存在しないという点です.かつては,哲学的に,ないし論理的に「正しい刑罰論」「正しい犯罪論体系」を探求しようとした学説が主流であったといえましょう.しかし,平野龍一博士により,「犯罪論体系は,犯罪の本質を解き明かすためのものでなく,犯罪,すなわち刑罰の科される行為を合理的に確定するための道具に過ぎない」ことが指摘され,その趣旨が次第に,学者の世界に受け入れられていきました.

「刑罰効果という視点ぬきの刑法理論はあり得ない」ということになると,構成要件の解釈においては,「これだけの刑罰を加えるに値するだけの悪いことなのか」という実質的視点が重要であると認識されるようになってきます.そして,違法とは何かを問題にする場合にも,違法であるということが犯罪であることの要件の1つである以上,形式的に「法に違反してい

と」とか「倫理秩序に違反すること」を問題にすることでは不十分で，あくまで刑罰という厳しい制裁を必要とする程度の違法性の存否が問われねばならないという認識が定着してきたわけです．そして，「刑罰」の理解と密接に結びつく責任非難の領域においては，かなり以前から刑の効果などを視野に入れた責任理論が有力に展開されてきました．刑法解釈学の研究論文においても，わが国の犯罪現象を分析した上での，具体的な問題解決の視点が重視されるようになってきたのです．

　そして，裁判員制度の導入により，「このような実質的な判断（規範的評価）は，法律専門家でなければできない」という考えが修正されることになるのです．構成要件や違法性，責任の内容が，「正しい理論から演繹的に導かれる」という考え方が否定され，「最終的には国民が決定するのだ」ということがはっきりしてくるのだと思います．実はこれまでも，裁判官がその作業を代行してきてはいたのですが……．

2　条文に該当するとは

[1] 罪刑法定主義と構成要件

　刑法199条は，「人を殺した者は，死刑又は無期若しくは5年以上の懲役に処する」と定めています．このように，条文が示す犯罪行為を**構成要件**と考えてください．どういう行為をすれば犯罪行為になるかを示す枠です．「人を殺す」という行為をしたら殺人罪で処罰されるわけです．この「構成要件」は**罪刑法定主義**と不可分なものとして論じられてきました．国民を国家の恣意的な刑罰権行使から護るために，明確な処罰の限界を明示しなければならないと考えてきました．今後も，その点は変わらないと思います．構成要件解釈は，国民の誰から見ても明確で，恣意的な判断が排除される構造のものでなければならないのです．

　罪刑法定主義とは，**法律無くば犯罪無く，法律無くば刑罰無し**ということです．罪刑法定主義には，「いかなる行為が犯罪であるかは，国民自身がその代表を通じて決定しなければならない」という法律主義（**民主主義的要請**）と，「犯罪は，国民の権利・行動の自由を守るために前もって成文法により明示

されなければならない」という事後法の禁止（**自由主義的要請**）が含まれているとされてきました．法律で前もって決めておくことが大事なのです．さらに，判例は犯罪と刑罰は明確に定められていなければならないという**明確性の理論**を採用しています．罪刑法定主義は，あらかじめ明確な条文により犯罪行為を国民に明示することにより，（イ）何が犯罪行為であるかを国民に告知し，（ロ）同時に警察官や検察官などの刑罰権の濫用を防止する役割を持つとされるのです．

しかし，「法律で前もって明確に」決めておいても，その先が問題なのです．法律で事前に明確に適正に定めさえすれば，うまくいくわけではないのです．そのような法律を実質的に解釈して，妥当な結論を導く必要があるのです．法律の枠内で裁判官が選択をせざるを得ない部分は残るのです．法律の枠内ででも，それをどう解釈するかに関しては，実際には幅があるのです．

この点，伝統的な考え方は，法律の文言の解釈というものは非常に明確でなければいけない，形式的でなければならないというものだったといえましょう．人権保障という意識が強かったのです．構成要件は，刑法の条文から導かれる犯罪の枠ですよね．この枠というのは，非常に明確なものでなければならず，評価を加えてはいけないと考えてきたんですね．ですから解釈に幅があってはいけないのです．

> 従来，罪刑法定主義というのは，裁判官が恣意的に判断しないように，「国民の代表の決めた法律で縛る」という側面を強調することが多かったのです．第二次大戦後の当初は，刑法解釈における恣意を封じなければならないと考えられ，罪刑法定主義が重視され，構成要件解釈において恣意的判断が入らないようにすることが，刑法理論の中心的な課題であるとされてきました．それは，戦前の刑法学に対する反省を踏まえた，まさに戦後の刑法学にぴったり合った犯罪理論だったのです．
>
> しかし例えば，アメリカでは，裁判官が法律を憲法の視点からチェックするという機能が重視されています．「裁判官が法を監視する」という発想です．そして，ドイツやフランスでも，「一方的に法で裁判官を縛る」という罪刑法定主義は，フィクションに過ぎないと自覚されているのです．実際には，司法が法律を実質的に作っている……．判例が実質的に法規範を形成していることも，次第に認められてきています．

[2]「条文にあてはまるのか」という判断も評価を伴うのです

　わが国の立法と司法の関係も，現実を踏まえて理解しなければいけないというふうに変わってきています．法律で決めるといっても限界があります．「選挙で民意を汲み上げる」というシステムは，非常に大きなスケールのレベルにしか対応できません．選挙は何年かに1回ですし，争点も抽象的で大きい．それで具体的な処罰範囲を確定することはできないのです．具体的な処罰範囲に関わる議論は，細かい議論です．選挙で自民党が増えたら，例えばコンピュータ犯罪はどうなるのですか，民主党の議員が増えたら因果関係の範囲はどう変わるのでしょうか．そして現在，政党の関係はあまりに複雑です．

　日本は法律の改正が非常に少なかったのです．新しい問題状況が起こっても，対応が非常に遅い．この頃は少し早くなりましたが．それなのに，先進諸国と比較して，なぜ日本の刑事司法は，相対的にうまくいっているのでしょうか．それは，1つには，裁判所が法解釈を一定程度弾力的に行って，具体的妥当性を図ってきたからだということは否定できないと思います．

　そしてこれまで法曹によって支えられてきた刑事司法システム内部での価値判断は，国民全体の意識から致命的には離れてはいなかったからのように思われます．むしろ，生の権力的・政治的な動きに左右されにくいというメリットもあると思うのです．奇異に聞こえるかも知れませんが，「具体的な法的評価に関しての国民の意識の吸い上げは，プロの法律家による」という側面はこれからも変わらないと思います．そして，これからは裁判員制度が存在するのです．法曹と国民の協働作業が正面から評価されるようになると思います．これまでも，法曹とは「一般人の視点で，つまり国民の立場に身を置いて法的判断を行う専門家」だったのです．裁判員制度の導入は，そのことをより明確に示すことになりました．

　学説は，判例の処罰範囲が広すぎるから問題だと批判してきました．「裁判官というのは，処罰を広げる性向がある……」．陪審員制にすれば無罪が増えていいんだなどと議論をする人もいましたけれども，そんなに単純ではないでしょう．裁判員制度が導入されたら，むしろ処罰範囲は拡大する可能性もあります．そして，処罰が広すぎるか狭すぎるかは，最終的には，国民

の意思を忖度して決する以外にはないのです．

　例えば，国立大学の教師に，試験の前の時期に，コーヒーをご馳走したら賄賂になりますか？　国会議員に1万円渡したら，賄賂になりますか？　形式的に解釈するなら，すべて賄賂ですよね．けれども，実務上はそういうものは起訴しません．そもそも捜査も開始されないかも知れません．構成要件にあてはまるかどうかの判断には，処罰に値するかどうかという実質的な判断が入り込まざるを得ないのです．

　このような説明に対しては，「法の運用」の問題と「法理論」を混同するものだという批判が予想されます．理論としては1円だって賄賂であるとして理想的な理論を作っていけばいいじゃないか．これも1つの考え方です．そして，従来はそういう考え方が強かったのです．しかし，実際に，処罰範囲の確定に使われない「観念的な犯罪の理論」は，あまり意味がないのです．最近，法科大学院制度の導入により，判例を重視して，実務とのつながりを重視して，犯罪理論を研究・教育しようとすると，現実に結びつかないような抽象論をいくら言っても仕方ないという面が明確に認識されてくるのです．

> 　例えば，賄賂罪に関するロッキード判決というのはその意味で象徴的な存在なのです．刑法学者の厳密な基準からいったら，当時，無罪になってもよいはずだったのです．ところが有罪になって，それを批判する議論も出ないまま定着していきました．賄賂罪の構成要件解釈が形式的には決まらないということも定着していくのです．やはり，その処罰の範囲というものは，国民の規範意識，国民の常識からそんなにかけ離れたものであってはいけないのです．それは，人民裁判を認めるということとは全く別のことなのです．

[3] 普通の日本人の犯罪観の反映

　もちろん，判例に代表される実務の積み上げ，さらにその背後にある国民の価値判断を重視するということが，単なる現状肯定主義であっては困ります．判例の積み上げから，常に新しい方向に発展させていくということが重要なのだと思うのです．ただ，学者が頭の中で理論を作り出してはいけない．

　日本は明治時代になって，法制度を外国から輸入したわけです（→38頁）．

ですから,「欧米の法理論に学ぶ」ということは自然なことでした. ところが, 判例は, 当初から, 欧米とズレていたのです.

「電気窃盗判例」という有名な判例があります. 明治の旧刑法の時代に, 勝手に電気を使用した行為を, 窃盗罪に問えるのかが争われました. 窃盗罪というのは, 旧刑法でも物に対する罪でした. 財物に対する罪なのです. そこで, 電気が物かが問題となるわけです. 民法では物を有体物と規定しています. 有体物とは, 固体, 液体, 気体のことですよね. 電気は気体でもないですから, 物ではない. ということは窃盗は成立しないということになります. ところが, 大審院は窃盗の成立を認めました. 電気は物だとしたわけです. 物とは「管理可能なもの」だというふうに解釈したのです. ところがドイツでもほぼ同じ事件が同じ時期に起こり, 裁判所は無罪にしたのです.「物」ではないから, 窃盗ではないと. そして, 従来のわが国の刑法学説は,「ドイツの解釈こそが, 正しい罪刑法定主義感覚なんだ」として, 日本の判例を批判してきたのです. しかし, 本当にドイツ流の処理が正しくて, 日本のそれは遅れているものなのでしょうか.

実は, これと同じようなパターン, つまり, 日本では緩やかに解釈して処罰した事案を, ドイツでは, 構成要件を厳格に解して無罪にした例が, 電気窃盗以来100年の間ずっと見られるのです. 最近のもので, 皆さんでもお聞きになることが多いと思われるのは, クレジットカード詐欺やコピーの文書性の問題です. クレジットカードの不正使用は, ドイツでは詐欺罪の要件に該当しないとされています. わが国では, 20万円の領収書をコピーする際に200万円に改ざんして, そのコピーを提出すれば文書偽造になります. しかし, ドイツでは, コピーの文書性を否定するのです.

果たして, この100年間, 日本の実務が常にドイツより遅れ続けているのでしょうか. 日本の立法状況を考え合わせれば, 日本的なやり方, すなわち柔軟に法律を解釈して, 妥当な処罰範囲に到達するという解釈手法も1つの選択だと思うのです. そして, 一番大事なポイントは, どちらのやり方が正しいかを決めるのは誰なのかということなのです. 日本の犯罪現象に対応するのにドイツ流のやり方に従うのがいいか, 日本の裁判官流のやり方が優れているかを決めるのは, やはり日本の国民なのだと思うのです. 少なくとも, 現在の刑事司法の状況を踏まえれば, ドイツ流というただそれだけの理由で,

解釈の際に重きを置かれるという時代は，とっくに終わっていると思うのです．もちろん，細かな解釈論，論理的な体系等，学ぶべき点はあることは認めますが．

3 犯罪の骨組みとは

[1] 構成要件の中身はどうなっているのでしょう

どのようなつもりで罪を犯したのかという主観面，つまり故意（例外としての過失）も，いかなる構成要件にあてはまるのかを考える上で重要なのですが，ここではまず，客観的な構成要件について説明します．構成要件の主要な部分は，意外と簡単なのです．客観的には，生じた**行為**と**結果**とその間の**因果関係**から成り立ちます．

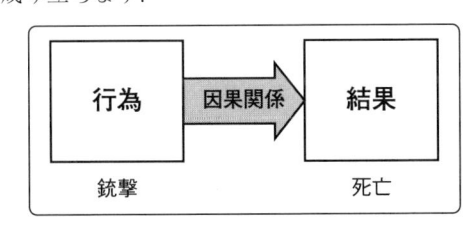

```
┌────────┐   因果関係   ┌────────┐
│  行為  │ ══════════> │  結果  │
└────────┘              └────────┘
   銃撃                    死亡
```

国民にとって悪い**結果**があるので，犯罪として処罰する必要があるわけです．「人が死んだ」という結果が出発点です．ただ，例えば殺人罪の場合，殺そうとして弾丸が命中はしても，病院の努力で一命を取り留めたような場合，結果は生じなかったのですが処罰すべきでしょう．これを，殺人未遂罪と呼ぶわけです．未遂罪は，重要な犯罪について規定されています．結果が起こらなかったという意味では，刑を軽くすることもできるのですが，規準となる刑の重さは，殺人罪の既遂の場合と同じなのです．「殺されかけた」というのは，国民から見て重大な害悪だと考えられているからです．結果発生の危険性，すなわち「結果が起こる可能性の高い状態」が発生したから未遂として処罰するのです．その意味では，危険性という「結果」が客観的に要求されていると説明することも多いのです．結果発生の蓋然性という意味での危険の発生を要求する犯罪を**危険犯**と呼びます．未遂犯も一種の危険犯ということになるわけです．

なお，構成要件が予定する結果といえるか否かの判断には，評価が含まれざるを得ないのです（→42頁）．判例も，明治時代から，処罰に値しない些細な結果を，構成要件に該当しないとしてきました．もっとも，このような軽微な事犯についての無罪判例は，刑事司法システムの中で微罪処分や起訴猶予によりふるい落とされるため，裁判で問題となることは非常に少ないのです．

> **ネコは犯罪を犯せますか　会社は犯罪を犯せますか**　犯罪の主体は「人」です．人でなければ，犯罪は犯せません．ネコが，動けない老人の足をかじったということが報道されたことがありました．ただ，虎やネコを犯罪者として扱い，裁判にかけるということはあり得ません．
> 　法律の世界の「人」には，通例，自然人と会社のような法人が含まれます．それでは，会社は殺人罪を犯すのでしょうか．刑法が，主として自然人である個人を念頭に置いていることは間違いありません．ただ，かなり以前から，企業（法人）自体の責任を問うべきであるという考え方が認められるようになりました．刑法の倫理的性格，及び現行刑法の懲役・禁錮を中心とした刑罰体系から考えて，主体は自然人に限られるとされてきたのですが，刑罰にとって倫理的な非難は必ずしも必須ではなく，会社に科すことが可能な罰金刑も存在します．もちろん，自然人であれば誰でも犯罪を犯せるといっても，例えば刑事未成年は，刑罰を科されません．そしてその主体に一定の限定を加えた特別の犯罪が存在します．これを身分犯と呼びます．

[2] 実行行為の重要性

各構成要件が予定する行為を**実行行為**というのです．例えば殺人罪の実行行為は，「人を殺す行為」です．「殺す」行為とは，たまたま死の結果を導いた行為のすべてを含むのではなく，人の死を導くような可能性を持った行為でなければなりません．例えば，新幹線の事故で死ねばよいと思って無理に新幹線に乗せたところ，たまたま実際に事故死した場合でも，新幹線に乗せる行為は「殺す行為」とはいえないでしょう．

実行行為は，さまざまな役割を果たします．まず，故意（→63頁）にとって実行行為の認識が重要です．そして，財産のような刑法上保護すべき法益であっても，すべての態様の侵害行為から保護されるわけではないのです．

処罰の範囲を明確なものとする必要から，そして，実際にしばしば起こることが予想されるため禁圧する要請の強い類型に限定するという観点から，窃取（窃盗罪），騙取（詐欺罪），喝取（恐喝罪）等の特定の侵害態様に限って処罰するのです．

犯罪を実行するのではなく，手助けしたりそそのかしたりする者を**共犯**といいます．裏返すと，**正犯**とは「実行行為を行う者」なのです．ただ，実行行為は，必ずしも行為者自身が自らの手で行う必要はないのです．あたかも，ピストルを道具として人を殺すように，事情を全く認識していないウェートレスに毒入りのコーヒーを運ばせて目的の人物を毒殺する行為も，殺人罪の実行行為であることには変わりありません．このように，人を「道具」として犯罪を実行する場合を**間接正犯**と呼びます．

そして，実行行為を始めることを**実行の着手**と呼びます．実行の着手が認められると，未遂として処罰可能となるのです（→48頁）．さらに，生じた結果について行為者に責任を問いうるか否かの判断である**因果関係**は，実行行為と結果との間において問題となります．実行行為に至らない準備（予備→49頁）から結果が生じても因果関係は問題とならないのです．例えば，殺人の目的で毒入り酒を戸棚の奥に準備しておいたところ，目的外の人間がそれを飲んで死んでしまった場合，殺人予備罪と過失致死罪にしか該当しません．予備罪は，犯罪を準備しただけで処罰するもので，殺人や強盗など，非常に限られた犯罪類型についてのみ規定されています（→49頁）．

> **目的的行為論**　かつては，犯罪論体系の土台となる「正しい行為論」が探求されました．それまで，**意思に基づく作為と不作為**とされてきたのですが，行為を目的的意思に基づく作為に限定する**目的的行為論**が戦後の一時期に流行ったのです．人間の行為は，その存在をありのままに考察すると，一定の目的を設定し，その目的を達成するのに必要な手段を選択し，これをその目的の実現に向かって統制するところに特色があるとしたのです．たしかに，不作為の場合には目的的な実現意思に基づく行為の積極的な支配に欠けるかもしれませんが，しかし不作為を処罰しないわけにはいかないのです．その他にも，具体的な結論に問題があることがわかり，目的的行為論をめぐる論争は消えていったのです．

[3] 実行行為の開始により未遂になります．未遂こそ刑法の考え方の試金石

　刑法 43 条は，「犯罪の実行に着手してこれを遂げなかった者は，その刑を減軽することができる．ただし，自己の意思により犯罪を中止したときは，その刑を減軽し，又は免除する．」と規定しています．未遂罪の処罰を定めた犯罪類型においては，実行の着手が認められれば，既遂犯の法定刑で処罰しうるのですが，減軽することも可能なのです（**任意的減軽**）．

> 　未遂には，実行行為自体が終了しない**着手（未終了）未遂**と，実行行為は終了したが，結果が生じなかった場合を指す**実行（終了）未遂**があります．前者は，射殺しようと引金に指を懸けたが弾丸は発射されなかった場合で，後者は弾丸は発射されたものの命中しなかった場合です．

　未遂をどこまで処罰するかについては，その人の価値観が影響します．一方では，未遂も既遂と同じく処罰すべきだという考え方の人もいるでしょう．処罰の根拠を「犯人の主観面」中心に考えるといってもよいでしょう．人を殺そうとしてピストルを発射した以上，弾丸が命中したか否かは，その人間の犯罪性にとって重要でないと考えるのです．そして，このような考えは，結果として，未遂の処罰の範囲を広げます．犯罪を犯そうと思った以上，「結果は発生しそうもない」という場合でも処罰することになりやすいのです．

　この反対の極には，徹底した客観面重視の考え方があります．結果が発生して初めて処罰するということに近づいていきます．徹底すると，客観的な法益侵害の結果が発生していない未遂は，処罰をしなくてもよいという結論にまで至り得るのです．少なくとも，未遂の処罰範囲を限定しようとするのです．

　しかし，現行の刑法はそのどちらの考え方をも否定しています．未遂処罰規定が現に存在している以上，客観的な犯罪の考え方の徹底は不可能です．逆に刑法典は未遂処罰を例外的なものと扱っており，これまでの日本の判例ではかなり刑は減軽されているのです．計画的に大勢の人を残虐な手段で殺せば，死刑を適用すべきだという考え方が，国民の多数だと思います．でも，実行したが誰も死ななかった場合，死刑は無理だと考える人は多いと思いま

す．つまり，未遂犯は，既遂犯と同じに処断するわけにはいかないのですが，一定の範囲では処罰しなければならないという前提の上に立って，未遂を考えていくことになるのです．

未遂処罰を実質的に捉えると，重大な法益に関して，それが侵害される確率が高く，禁圧すべき必要性の高い行為については「結果が生じなくとも処罰する方が合理的だ」と国民が考えるということになります．そして，具体的には結果発生を待たないで処罰することによって生ずるマイナス（処罰範囲の曖昧化や刑法の内心への介入など）を上回る未遂処罰の必要性（つまり危険性）が存在すると考えられるかどうかを，裁判官や裁判員は判断するわけです．また，犯罪を厳しく禁圧しなければならない要請の強い社会や時代には，予防的に広く処罰する傾向が生じることになります．

> **予備**とは犯罪の実行の着手に至らない準備行為のことです．内乱罪，放火罪，殺人罪，強盗罪等のきわめて重大な犯罪についてごく例外的に規定されているものです．立法化が試みられた**共謀罪**（コンスピラシー）は，違法な行為ないしは適法な行為の違法な方法による実現についての合意一般を処罰するもので，準備すら要件とはしないのです．

[4] 着手時期についての理論的対立の意味

前に説明した「旧派対新派」の刑法理論上の対立のなかで，最も激しく論じられたものの1つが，着手時期に関する議論です．主観説は，新派の主観主義刑法学を基盤とし，行為者の主観によって着手時期を判断すべきだとしたのです．実行の着手を**犯意の明確化**した時点と捉えました．この立場からは，人を殺そうと刀を抜いて家に侵入すれば殺人未遂となりうるわけです．

客観説は，未遂犯の成立には構成要件の一部の実行の開始を待つべきだとします．主観説では処罰が広すぎるとするのです．しかし，実行の開始を形式的にあてはめると，物に直接触らない限り窃盗の着手はないとすることにもなりかねません．そこで，実行の着手の客観面を，形式的にではなく実質的に捉える見解が主流となります．学説上は，結果発生の可能性が一定程度以上に高まった時点が着手だとされています．

一定程度の危険性という基準は，理論的説明としてはそれでよいのですが，

裁判員が判断する具体的基準としてはほとんど意味がありません．各構成要件ごとに，未遂犯として処罰をすべき範囲を具体的に類型化する作業が必要となるのです．それぞれの構成要件の実行行為，例えば殺す行為が始まったといえるかを判断することになるのです．

ここでも，「主観説が正しいのか客観説が正しいのか」という問題設定ではなく，今の日本において「殺す行為が始まっているだろうか」という問題の設定の仕方が重要で，その際にはやはり，殺人未遂罪として，つまり5年以上の有期懲役（減軽可）に処するべきかが考慮されなければならないのです．

> **具体的に考えてみましょう**
>
> 次のような事案を説明されたら，あなたは，被告人を何罪にしますか．
> 「被告人は，Aを事故死に見せ掛けて殺害しようと，Aを被告人が運転する自動車に誘い込み，クロロホルムを使って失神させた上，でき死させるという計画を立てた．被告人らは計画通りにAの車に追突させ示談交渉を装ってAを車の助手席に誘い入れ，多量のクロロホルムを染み込ませてあるタオルをAの背後からその鼻口部に押し当てAを昏倒させた（「第1行為」）．その後，ぐったりとして動かないAを運転席に運び入れた自動車を岸壁から海中に転落させて沈めた（「第2行為」）．Aの死因は，クロロホルム摂取に基づく呼吸停止，心停止であった．」判決文ですが，それほど読みにくくはないと思います．
>
> クロロホルムを嗅がせるのは，準備ですので，殺人の予備（2年以下の懲役）となります．第2行為が始まらないと殺人罪の実行の着手はないと考えた方も多いでしょう．細かく分析的に考えれば，そうなるように思われます．しかし，そうなると第2行為は死体を車に乗せて海中に転落させたに過ぎないので，死体損壊罪に該当しますが，死体を損壊する認識が欠けているので無罪となります．
>
> この点最高裁は（最決平16・3・22刑集58・3・187），ほぼ同じ事案について，第1行為が，人を死に至らしめる危険性の相当高い行為であったとし，「第1行為は第2行為を確実かつ容易に行うために必要不可欠なものであったといえること，第1行為に成功した場合，それ以降の殺害計画を遂行する上で障害となるような特段の事情が存しなかったと認められることや，第1行為と第2行為との間の時間的・場所的近接性などに照らすと，第1行為は第2行為に密接な行為であり，実行犯3名が第1行

為を開始した時点で既に殺人に至る客観的な危険性が明らかに認められるから，その時点において殺人罪の実行の着手があったものと解するのが相当である」としました．また，クロロホルムを吸引させてAを失神させた上自動車ごと海中に転落させるという一連の殺人行為に着手して，その目的を遂げたのであるから，たとえ，実行犯3名の認識と異なり，第2行為の前の時点でAが第1行為により死亡していたとしても，殺人の故意に欠けるところはないとしました．このような事案では，クロロホルムを嗅がせて昏倒させれば，殺人罪の実行の着手は認められると考え，さらに殺意も認められているのです（→63頁）．

　最近も，同じようなことが争われ，地裁と高裁で意見が分かれました．被害者に自動車を衝突させ，転倒させてその動きを止めた上，刃物で刺し殺すとの計画を立て，実際に包丁やレンタカーを準備して被害者を待ち伏せ，歩いている被害者に時速約20キロメートルで自動車を衝突させて傷害を負わせたが，その段階で翻意して被害者を包丁で刺さなかったため，被害者は死亡するに至らなかったという事案です．そして名古屋高判平成19年2月16日（判タ1247・342）は，自動車を同女に衝突させる行為と刺突行為とは密接な関連を有する一連の行為というべきであり，被告人が自動車を同女に衝突させた時点で殺人に至る客観的な現実的危険性も認められるから，その時点で殺人罪の実行の着手があったものと認めるのが相当であるとしています．

[5] 不能犯——最も理論的対立の激しかった論点

　塩水を飲ませて殺そうとした場合のように，形式的には実行の着手があっても，そもそも当該行為の危険性が極端に低く，未遂として処罰に値しない場合は不能犯（不能未遂）と呼んで，処罰しません．

　問題は，不能犯と処罰する未遂犯の限界です．弾の出ないモデルガンで殺そうとしたり，致死量に到底達しない微量の毒物で殺そうと試みるような手段に関する不能を**方法の不能**といいます．これに対し，犯罪の目的・客体に関する不能，すなわち射殺しようと弾丸を撃ち込んだところ，人がいなかったような場合を，**客体の不能**と呼ぶのです．

　人を殺そうとして硫黄を飲ませた場合，殺人未遂になるのでしょうか．硫黄では人は死なないとされています．でも「殺人未遂にしていいのでは」と

思う人もいるでしょう．また，一般の人から見たら，どう見ても人間にみえる「案山子」に銃を発射し弾丸を数発撃ち込む行為は，殺人未遂になるのでしょうか．未遂を広く解する立場，別の言い方をすれば，主観面を重視する立場では，殺人未遂成立となるでしょう．結果発生の可能性を厳密に要求する立場は，不能犯として無罪にすると思います．

　処罰すべき未遂犯と処罰しない不能犯を区別する基準に関する学説は，非常に複雑な形で対立していました．かつては，「行為者が考えていたことが実現したら危険性があるのか」を問題とする主観説も唱えられていましたが，現在は「行為時に，一般人が認識し得た事情を基礎に，一般人を基準に具体的危険性の有無を判断する立場」（**具体的危険説**）と，「行為時に存在した全事情を基礎に，客観的に判断する立場」（**客観的危険説**）が対立しているといってよいでしょう．後者は理論的には，行為後の事情まで含めて，事後的に純科学的に考えるべきだという考え方にも至るのですが，そうなると，事後的に見れば実際に結果が生じなかった「理由」を見つけだすことは可能なので，すべて「未遂になるべくして未遂に終わった」ということで不能犯ということになりかねないのです．そこで，現在有力なのは，危険性はあくまで行為時（ないし未遂結果発生時）に一般人を基準に考えるべきだという説です．その意味では，客観的危険説といっても，「国民の常識」の視点から，「未遂犯として処罰に値する危険性の存否」をチェックするのです．ただ，具体的危険説より，高度な危険性を要求するという点に特色があると見るべきです．

　具体的危険説は，一般人なら「人」と考える案山子にピストルを発射した場合は殺人未遂で，通常案山子と分かるような場合には不能犯とするでしょう．それに対し，判例の中には，人を殺そうと硫黄を飲ませる行為につき殺人未遂を認めなかったものがあります．ただ，警察官のピストルを奪って，警察官に向かって発射しようとしたところ，たまたま弾丸が装塡されていなかった場合には，殺人未遂にしています．通常は弾丸が入っているということが前提となった判断です（福岡高判昭28・11・10判特26・58）．仲間の者が頭部等にすでに銃創を負わせて死亡させた後に，とどめを刺すつもりで路上に仰向けに倒れていた被害者の腹部，胸部などを日本刀で突き刺した行為につき，殺人未遂罪の成立が認められました（広島高判昭36・7・10高刑集14・

5・310）．客観的危険説の考え方であれば，空のピストルでは絶対に人は殺せないことになるように思います．その意味では，具体的危険説の方が説明しやすいでしょう．しかしだからといって，判例が案山子にピストルを撃ち込む行為を殺人未遂にするとは限りません．モデルガンを本物だと誤信して相手の頭部に向けて発射しようとしても，現在の日本では，殺人未遂にはならないのではないでしょうか．

> それ以上に，問題は，個別の事件の具体的事情なのです．それ抜きには「未遂処罰に値する危険性の有無」は判断できません．さらに，イギリスでは，治安の悪化等の影響があり，法律で，それまで不能犯とされた行為を未遂として処罰することになりました．未遂と不能犯の限界は微妙に動くのです．理論的に主観説が有力化したからではないのです．イギリスでは国民の意識を踏まえて法改正がなされたり，判例が動いたりして，主観説が有力化したということなのです．日本でいえば，未遂と不能犯の限界を動かすのは，裁判員の皆さんだと言ってもよいのです．

> **中止未遂** 未遂犯のうち，自己の意思で止めた**中止未遂（中止犯）**については刑の**必要的減免**が認められます．問題は，いかなる場合に「自己の意思により」中止したといえるかです．行為者の認識が一般人にとって通常，犯罪の完成を妨げる内容のものであるか否かを考えなければなりません．しかし，本人が主観的に後悔・悔悟の念を持っていたとしても必ずしも決定的ではないのです．恐怖驚愕に基づいて止めた場合や，かわいそうだと思って止めた場合も中止犯になりうるでしょう．自発的に止めたという判断にとって最も重要なのは，国民から見て「通常，結果の妨害となる性質」であると思われます．それは量刑を決める事情とも深く結びつきます．もちろんその判断は，非常に微妙で，「どちらともいえない」という場合が出てきてしまいます．その際には，行為者の悔悟の情の存否が意味を持ってくるように思うのです．一般人なら通常思いとどまる事情が存在しても，悔い改めたり深く反省した上で犯行を中止した場合には，少なくとも刑の減軽を認め得るように思われます．判例が，悔悟の情を重視しているように見えるのも，実はこのような判断を行っているからだと考えられるのです．

[6] 因果関係はなぜ必要なのですか

　実行行為が存在し，当該構成要件が予定する結果が発生したとしても，構成要件にあてはまるとは限りません．殺す行為と死の結果が無関係に生じても殺人罪は完成しないのです．実行行為と現に生じた結果との間に客観的に「原因と結果」と呼べる関係が必要です．この結果と実行行為との結びつきを論ずるのが刑法上の因果関係論なのです．刑法上の概念である因果関係は，自然科学における「因果関係」とは完全には一致しません．**既遂**としての処罰に値するか否かの価値判断を含む点に特色があるのです．

　刑法の因果関係を認めるには，まず，当該行為が存在しなければ当該結果が発生しなかったであろうという関係（「あれなくばこれなし」の関係：**条件関係**）が必要だとされます．ここで，条件関係は，かなり広い範囲で認められることに注意しておかなければなりません．例えば，殴って軽傷を負わせ救急車で病院に運ぶ途中に交通事故で死んだ場合でも，殴ることと「死」の条件関係は存在します．殴らなければ救急車には乗らず，救急車に乗らなければ死ぬことはなかったからです（なお，条件関係を論じる**結果**は，現に生じた結果に限ります．例えば，XがAを轢き，5時間後に死ぬような傷害を負わせ，さらに2時間後に，Yが轢いて即死させた事例の場合，問題となる結果は，現に生じた「2時間後の死」であり，5時間後の死ではないのです）．

　そして，条件関係があれば刑法上の因果関係を認める考え方を**条件説**と呼びます．ただ，条件関係を厳密にたどっていくと，因果関係は，論理的には無限に広がっていく可能性があります．射殺された「死」と条件関係のある行為をたどっていくと，ピストル発射から始まって，殺人者を産むことにまで及ぶとの議論もなされたことがあったのです．

　そこで，因果の過程で自然的事実（地震など）や他人の故意ある行為が介入した場合に，そこで因果関係が中断されるとする**因果関係中断論**が主張されたり，結果に対する諸条件のうちから，なんらかの基準によって「原因」となるものを選択し，それについてのみ刑法上の因果関係を認める**原因説**が主張されたりもしました．そして，わが国では，一般人の社会生活上の経験に照らして通常その行為からその結果が発生することが相当と認められる場

合に刑法上の因果関係を認める**相当因果関係説**が有力になります．

　相当因果関係説には客観説，主観説，折衷説が存在します．ただどの説も，行為時に一般人を基準に相当性を判断する点では変わりありません．対立は，いかなる事情を基礎に相当性を判断するかにあるのです．**客観説**は，行為時に発生した全事情と，予見可能な行為後の事情を基礎に相当性を判断し，**主観説**は，行為者が行為時に認識した，または認識し得た事情を基礎に相当性を判断します．そして，**折衷説**は，行為時に一般人が知り得た事実及び行為者が特に知っていた（「知り得た」ではないことに注意）事情を基礎とするのです．判例も相当因果関係説を採用しています．実質的には客観説に近いと考えられています．

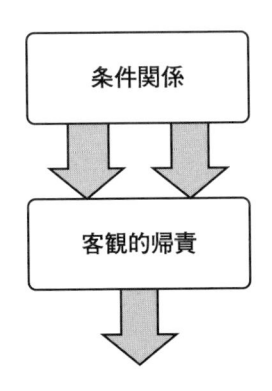

```
┌──────────┐
│  条件関係  │
└──────────┘
    ↓    ↓
┌──────────┐
│  客観的帰責 │
└──────────┘
      ↓
```

　学説上は，行為時から見た「相当性判断」に代えて，事後的に結果を帰責させるのが妥当かという実質的判断をより正面から行う客観的帰責の考え方が有力化しています．

[7] 具体的な因果関係の判断

　現実に因果関係が問題となる事案は，大きく分けると2つのグループに分かれます．まず，①「行為時に行為者が認識し得なかった特殊な事情が既に存在したために結果が発生した事案」です．このような特殊事情の存在は，「行為者の行った一見したところ危険性の低い行為が，そのような重大な結果を実現したと評価できるのか」という問題であり，相当因果関係説の内部の各説で，差が生じるのはこの類型なのです．突き倒したら心臓病があり死亡した場合とか，被害者の脳組織に病変があり，通常では死に至らない程度

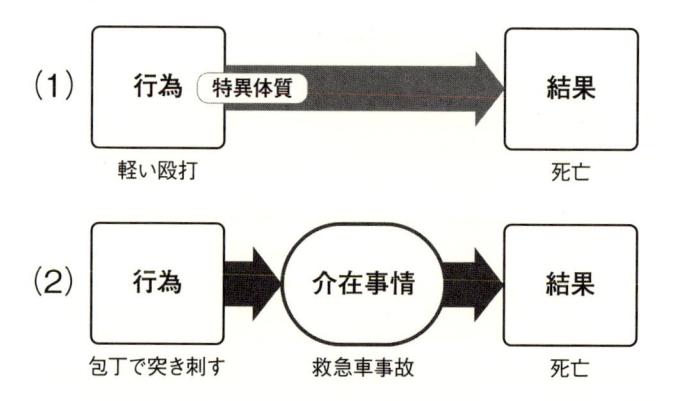

```
(1)  [行為]━特異体質━▶[結果]
     軽い殴打              死亡

(2)  [行為]━▶(介在事情)━▶[結果]
     包丁で突き刺す 救急車事故   死亡
```

で死亡したような場合です．傷害致死罪で問題となることが多いのです．

判例は，①顔面を蹴って全治10日の傷害を負わせたところ，被害者の脳組織が脳梅毒に罹患していたため異常に弱っており，そのために死亡した事案についても，蹴った行為を傷害致死罪と評価し（最判昭25・3・31刑集4・3・469，関連するものとして大判昭6・10・26刑集10・494），②路上に突き飛ばしたところ，被害者の心臓に異常が存在し心筋梗塞のため死亡した場合も，傷害致死罪を認めています（最決昭36・11・21刑集15・10・1731）．そして，③暴行を加えたところ，被害者に心臓疾患が存したため急性心臓死した事案についても「暴行が特殊事情と相まって致死の事情を生ぜしめたものと認められる」として傷害致死罪を認めています（最判昭46・6・17刑集25・4・567）．このように判例は一貫して，行為時に一般人の気づき難い特殊事情が存在しても結果を帰責させているように思われます．ただ，①にしても，全治10日の傷が残るほど顔を蹴ったら脳に異常が生じて死んだのであり，それほどおかしな結論とも言えないでしょう．

実際に重要なのは，(2)「行為後に特殊な事情が介入した事案」なのです．後者は「当該結果は，実行行為から生じたのか，それとも介在事情が原因で生じたのか」という問題ともいえます．そして後者の介在事情の存在する類型が圧倒的に重要なのです．

行為後に予想外の事情が介在して結果が発生した場合，単に「現に生じた因果経過がどれだけ突飛だったのか」だけでは結果の帰責関係を判別できません．第三者や被害者の行為が介在して結果が発生した場合に，行為者の実行行為に結果を帰属せしめ得るか否かは，(イ)**実行行為そのものの持つ危険性**

（結果発生力）の大小，（ロ）介在事情の異常性（及び実行行為との結びつき）の大小，（ハ）介在事情の結果への寄与の大小の3点を総合して判断すべきなのです．「介在事情が行為時に予測可能か否か」のみで判断すべきではないといえましょう．

> （イ）実行行為に存する結果発生の確率の大小
> （ロ）介在事情の異常性の大小
> （ハ）介在事情の結果への寄与の大小

（イ）同じく医師の重過失行為が介在して被害者が死亡したとしても，実行行為により瀕死の重傷を負わせたような場合は，軽傷を負わせたに過ぎない場合に比し，死の結果が帰責されやすいのです．ただ，この「行為の有する結果発生の蓋然性の高さ」だけで因果関係を判断するわけにはいかないでしょう．いかに半日後に死ぬような瀕死の重傷を負わせても，数時間後に第三者が被害者を故意に射殺した場合には，死の結果は射殺者に帰属し，行為者は未遂の罪責しか負わないと考えるべきです．

（ロ）介在事情の異常性は，単純に「介在事情が突飛か」を問題にするのではありません．介在事情が実行行為との関係でどの程度の**通常性**を有するかが吟味されなければならないのです．そして，実行行為が**介在事情を誘発**したものであるか否か（行為の危険性が介在事情の発生に影響した程度）も問題となります．具体的には，①行為者の実行行為が導因となって必然的に惹き起こしたのか，②そのような行為に付随してしばしば起こるものなのか，③めったに生じないものなのか，④実行行為とは全く無関係に生じたものなのかにより，次第に因果性が否定されやすくなると考えてよいでしょう．その判断に付加するものとして，介在事情そのものがどれだけ特殊なことなのかが考慮されるのです．

（ハ）介在事情の結果への寄与の度合いも，結果の帰責判断にとって重要です．すでに実行行為により生じていた瀕死の状態に，後に暴行行為が加わることにより死期がわずかに早まったに過ぎない場合であれば，具体的な死亡は介在行為により生じたように見えても，当初の実行行為に帰責されるべきでしょう．行為の危険性が現実のものとなったと評価しうるのです．逆に，

いかに重傷を負っていても,「故意の射殺」のような**先行の行為を圧倒する事情**が介在した場合には,重傷を負わせた行為と死との因果性は否定されることになるのです.

> **具体的に考えてみましょう**
>
> 　「被告人らは,某日午前3時40分頃,普通乗用自動車後部のトランク内に被害者を押し込み,トランクカバーを閉めて脱出不能にし同車を発進走行させた後,呼び出した知人らと合流するため,K市内の路上で停車した.その停車した地点は,車道の幅員が約7.5mの片側1車線のほぼ直線の見通しのよい道路上であった.この車両が停車して数分後の同日午前3時50分頃,後方から普通乗用自動車が走行してきたが,その運転者は前方不注意のために,停車中の上記車両に至近距離に至るまで気づかず,同車のほぼ真後ろから時速約60kmでその後部に追突した.これによって同車後部のトランクは,その中央部がへこみ,トランク内に押し込まれていた被害者は,第2・第3頸椎挫傷の傷害を負って,間もなく同傷害により死亡した」という事実が認定されたら,被告人はどう処断されるのでしょう.
>
> 　トランクに押し込む行為は,監禁罪です.監禁を行うことにより被害者を死亡させると監禁致死罪（221条）になります.被告人は,被害者を殺す気はなかったのです.ただ,被害者の死は,止まっている車に衝突した運転手の行為によって生じたのであり,トランクに押し込んだ監禁行為が原因ではないのではないでしょうか.
>
> 　この事案に関して,最高裁（最決平成18・3・27刑集60・3・382）は「被害者の死亡原因が直接的には追突事故を起こした第三者の甚だしい過失行為にあるとしても,道路上で停車中の普通乗用自動車後部のトランク内に被害者を監禁した本件監禁行為と被害者の死亡との間の因果関係を肯定することができる」としました.
>
> 　最決平成16年10月19日（刑集58・7・645）は,高速道路上に自車及び他人が運転する自動車を停止させた過失行為と,自車が走り去った後に上記自動車に後続車が追突した交通事故により生じた死傷との間に因果関係を認めています.甲が,乙の運転態度に文句を言い謝罪させるため,夜明け前の暗い高速道路の第三通行帯上に自車及び乙が運転する自動車を停止させた過失行為は,7,8分後まで乙がその場に乙車を停止させ続けたことなどの行動等が介在して,乙車に後続車が追突する交通事故が発生した場合であっても,上記行動等が甲の上記過失行為及びこれと密接に関

連した一連の暴行等に誘発されたものであったなどの事情の下においては，上記交通事故により生じた死傷との間に因果関係があると判示しているのです．たしかに路上に車を停車することにより事故を誘発することは，必ずしも希なことではないのです．

そして，自動車のトランク内に人を閉じ込める行為は，被害者の生命・身体への危険を随伴しているといえましょう．かなりの高温になり熱で死傷結果が生じる可能性もあり，脱出のために無理をして怪我をすることなども考えられます．そして，「路上」で停車中の車両後部のトランク内に閉じ込めたのですから，交通事故に遭うことによって死傷結果が発生することの危険性も問題となります．さらに，トランクから，無防備で放置され，そこに外部からの打撃が加われば，生命身体に非常に大きな危険が発生するということが重要です（監禁行為により生じた危険性の大きさ）．トランクに人を監禁して路上を走行したり，停車した場合，追突事故等に遭えば，悲惨な結果に至ることは容易に想定されると思うのです．さらに，先ほど述べたように，路上に停車中の車に追突する形の事故は，さほど希なことではないのです（介在事情の通常性）．

第4章 被告人の認識はどう影響しますか

1 故意

[1] 被告人が何をしようと思っていたかで、構成要件は変わります

　人に向けて銃を発射させて、その弾丸により被害者が死亡しました。何罪の構成要件に該当するのでしょう。殺人罪と思う人が多いと思うのですが、必ずしもそうではありません。たしかに人を殺すつもりで実行した場合には殺人罪（刑法199条）で5年以上の懲役から、死刑まであります。しかし、客観的には全く同じことを行っても、殺すつもりもなければ、傷つけたり脅すつもりもなく、被害者を不注意にも熊だと思って発射した場合には、過失致死罪（刑法210条）にあたり、罰金刑しかないのです。刑罰は、原則として、**故意**に犯した場合のみを処罰します（刑法38条）。でも、命を奪ってしまったような重大な事案では、その点について不注意であった場合も処罰するのです。この「不注意」のことを**過失**と呼びます。過失の処罰は例外で（ただ、交通事故など事件数は多いことに注意して下さい）、刑も軽いので裁判員裁判では、問題にならないのです（→73頁）。

　ただ、殺人罪と過失致死罪の中間も考えられます。「被害者の足を狙ったけれど、殺す気はなかった」という場合はどうでしょうか。もちろん、銃を人に向けている以上、「少なくとも人が死ぬかも知れないと思っていた」と認定される場合が多いと思います。ただ、本当に、殺す気はないし死ぬことの予見が不可能と判断された場合には、殺人罪は成立しないですし、過失致死罪にもなりません。

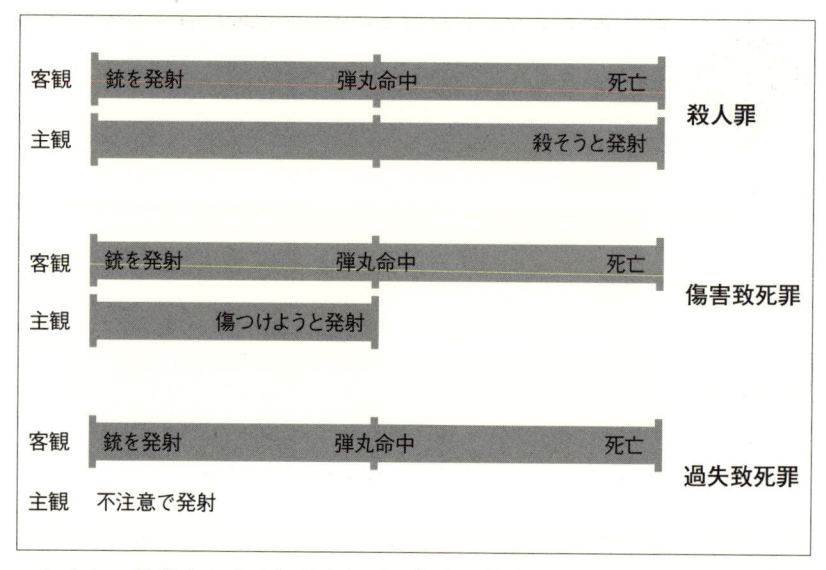

```
殺人罪
客観  銃を発射   弾丸命中   死亡
主観           殺そうと発射

傷害致死罪
客観  銃を発射   弾丸命中   死亡
主観  傷つけようと発射

過失致死罪
客観  銃を発射   弾丸命中   死亡
主観  不注意で発射
```

　しかし，怪我をさせる気があれば，傷害の故意はあります．つまり傷害罪を犯そうとして，「殺人」をしてしまったのです．このような場合を処罰するために，刑法は，傷害致死罪（205条）を用意しました．刑は3年以上の有期懲役刑です．怪我をさせようとして相手を殺してしまった場合も，傷害の故意は存在するので傷害罪（204条）が成立し，死については故意がない以上殺人罪に該当せず，せいぜい過失致死罪（210条）が成立することになるように見えます．しかし，傷害という犯罪行為が基になって重い死の結果が発生しているので，刑法は204条，210条より重く処罰する傷害致死罪（205条）という犯罪類型を設けているのです．このように，故意の内容を超過した重い結果を生ぜしめた行為を，本来の故意犯より重く処罰する犯罪類型のことを**結果的加重犯**と呼びます．子どもを遺棄して死亡させれば遺棄致死罪（219条）ですし，監禁した被害者が死亡すれば監禁致死罪（221条）です．死について認識があれば，殺人罪が成立します．裁判員裁判で最も問題となる強盗致死傷罪もその1つです．

　このように，客観的には，全く同じ行為でも，主観的にどのように考えていったかであてはめる犯罪，つまり構成要件が違うのです．構成要件は外部に発生した事実と行為者の認識の組み合わせで決まるのです．人が犬を連れて歩いているところに銃弾を撃ち込む行為は，人を殺そうとしたら殺人罪の

実行行為ですが，犬を殺そうとしたのならば器物損壊（動物傷害）罪の実行行為なのです．外形だけでは決められません．

[2] そもそも故意とは何なのでしょうか

故意とは何かと質問されると，大学で刑法を学んだ人の多くは，「構成要件事実，犯罪事実の認識（認容）である」と答えるのではないでしょうか．犯罪というのは，まず形式的に構成要件に該当する違法な行為であり，その構成要件に対応する認識があって初めて故意犯が成立すると理解しているわけです．「構成要件の認識」ですから，故意はきちっと決まる，明確に定まると考えられることが多いのです（未必の故意→66頁）．

ところが，構成要件の認識があるかないかこそが争点になる場合も多いのです．「クロロホルムで昏睡させ，後で溺死させる」という事案（→50頁）では，昏睡させた時点に殺意が認められ得るのです．非常に危険な昏睡させる行為の認識があり，昏睡状態を利用して直後に殺害する意思があれば，はじめから殺意は認められます．でもクロロホルムで殺せるとは思っていないのです．

さらに例えば，追越し禁止区間なのに，追い越してもよいと軽信して追い越した場合に故意犯は成立するのでしょうか．学説の多くは，「他車を追い越す」という行為をそれと認識して行っている以上，故意はあるが，「追い越してもよい」と信じたことに相当な理由があれば（このような場合を，「違法性の意識の可能性がなかった」と呼ぶのですが），故意責任は問わないとするのです．故意（構成要件の認識）があったとして，違法性の意識はなかった，法を犯す意思はなかった場合をどうするかという形で議論するのです．複雑ですね（→64頁）．犯罪事実の認識はあっても，故意がない場合を認めることが，学説では有力でした．ところが，判例は，追い越し禁止の認識がなければ故意はないとするのです．

「構成要件の認識があるか否か」は，「一般の人が悪いと思うか否か」と無関係ではありません．「どういう認識があれば故意責任を問い得るか」，「故意をなぜそれだけ重く処罰するか」「そもそも，故意の基本となる責任非難とは何なのか」等に遡って考えていくと，「その罪について責任非難できるだけの結果の認識が故意である」ということになってくるのです．

[3] 錯誤とは何のことですか

　故意と密接に結びついたものに**錯誤**があります。「錯誤」とは，行為者の主観と客観，故意と犯罪結果の「ずれ」のことです。思っていたのと違ったことが起こった場合です。先ほどの「追越し禁止区間なのに，追い越してもよいと軽信して追い越した場合」も錯誤です。行為時の「故意」と，その後の事情を比較するわけです。

　この錯誤は，事実の錯誤と法律の錯誤に大別されます。**事実の錯誤**は，犯罪事実についてズレていますので，犯罪事実のきちっとした認識が欠けていることになるので故意が否定されることになるのです。それは，当初の認識が「発生した犯罪の故意」と呼ぶには十分でないからなのです。つまり，故意が存在するか否かが問題なのです。**法律の錯誤**は，事実は認識していても「許される」と思った場合だとされています。判例は，故意の成立に必要な事実の認識があれば，故意非難は可能だと考えます。しかし，学説の有力な考え方は，故意はあるけど違法性の意識の可能性がない（悪いと思う余地がない）ことがあるので，故意が否定されたり責任が否定される場合があるとするのです。そして判例のように考えると，故意犯の成立範囲が広過ぎると批判するのです。

　しかし，裁判所は，法律の錯誤と事実の錯誤を区別するとき，事実の錯誤というのは故意非難できないような錯誤と考えているのです。そして故意があるかどうかの判断は，形式的ではないのです。「車を追い抜いた」という認識では，追い越し禁止の罪の故意はありません。「その罪の認識が成立するためには，行為時にどのような認識が必要なのか」，「行為を行う時点でどういう認識があれば故意非難ができるか」を吟味してきたのです。事実の錯誤がなければ，故意非難は可能なのです。法律の錯誤と事実の錯誤の限界は，「故意非難できない程度の重大な錯誤か否か」によって判定されてきたのです。こう考えるとスッキリするのです。先ほどの「追い越し禁止の事例」は，判例は故意が欠けるとするのです。故意非難には「追い越し区間で追い越したことの認識が必要だ」と考えるのです。そのような認識がなければ，一般の国民は追い越し禁止の罪の違法性を認識できないからです。

具体的に考えてみましょう

　裁判員裁判の対象ではありませんが，無許可営業に関する最判平成1年7月18日（刑集43・7・752）を素材にしましょう．県の担当者が大丈夫だというようなことを言ったこともあって，許可状は下りていないことを認識しつつ営業したということで捕まったのです．これだけ聞けば，無許可営業罪の故意はあると考えられるでしょう．「正式の許可が下りていない認識があるのだから無許可の認識はあるので，担当者の言葉を信じたとしてもせいぜいが法律の錯誤だ」．学説の主流の考え方からいけば，法律の錯誤の問題だとすべきことになります．ところが，最高裁は，無許可営業の故意がないとしたのです．事実の錯誤の問題として扱って，故意がないとしたのです．少なくとも，ここでは，判例の方が処罰範囲が広いわけではないのですよね．

　判例では，無許可営業の認識というのは，許可が下りていない認識とは別のものということになるわけです．実質的に判断するわけです．当局者との関係で許されていると思ったという事情が，「違法性認識の可能性」ではなく，故意の有無の判断に入り込んでいるということなのです．「社会通念上は無許可でないと思っていたと評価しうる」ということなのです．

　そもそも，「構成要件の認識の有無」についてはそう簡単ではないのです．そのよい例が，薬物に関する最決昭和54年3月27日（刑集33・2・141）なのです．覚せい剤のつもりで麻薬を輸入したという行為について，輸入した麻薬についての故意犯が成立するとした判例です．麻薬という認識はなかったのです．そして，麻薬と覚せい剤では，条文が違うのではなく扱う法律が違うのです．条文が違うのではなく法律が違う．それなのに，つまり全く違う構成要件なのに，麻薬輸入罪の故意を認めたのです．麻薬輸入罪のいちばん大事な構成要件要素は「麻薬」です．それなのに，その認識がなくたってその罪の故意があるとしたことになるのです．故意は構成要件の形式的な認識ではないのです．

　判例は覚せい剤であるという認識の中には，麻薬の認識も含まれているといっているのであって，麻薬の認識という故意も認定した上で麻薬輸入罪を認定したとも考えられます．つまり，麻薬輸入罪の故意にはどういう認識が必要かを実質的に考えたのです．先ほどから説明している故意論，故意の成立にはどういう認識が必要かを問題としているともいえるのです．もちろん，学説の中にも，故意があるかないかは，形式的な構成要件

を認識したかどうかではなくて，違法性を意識させるような（規範に直面するような）認識があったかどうかが重要だという考え方も存在してきました．裁判員にとっても，「被告人は，普通の人なら違法性の意識を持ち得るような認識を持っていたか」という視点が重要なのです．

[4] 未必の故意

　結果を認識していても過失の場合があります（認識ある過失）．一方，過失と限界を接するのが未必の故意です．そして，どこからが未必の故意で，どこまでが認識ある過失かの限界について，「結果の発生が蓋然的である」と考えれば未必の故意を認める考え方を**蓋然性説**と呼びます．「結果が起こってもよいと認容した」ことを基準にするのが**認容説**です．従来の主観面の立証の仕方を前提に考えれば，「認容説の方が判定が容易である」ということだったように思います．よく出される例で，検問している警察官に対し，「このまま突っ込めば轢くかもしれない」と考えつつ突っ込んで，警官を死亡させた場合を考えてみましょう．そのときに認容説では，「轢いても構わないと思いました」と供述させれば故意が認められる．そのような供述が得られなければ，過失犯として処理する．「認容を立証する供述の存否」は明快なのだと思います．しかし，実務家の方々とお話をしていますと，「そんな甘いものではない」ということなのです．もともと「轢いてもしかたない」という供述がそんなに簡単に得られるものではありません．通常は供述させるだけの客観的証拠を積み上げて取り調べるのです．その場の状況，例えば酒に酔っていて質問を受けたくなかったとか，覚せい剤を隠し持っていたとかさまざまな事情を総合して質問するのです．

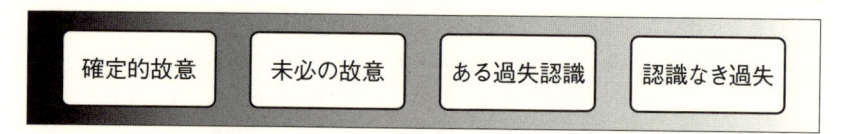

| 確定的故意 | 未必の故意 | ある過失認識 | 認識なき過失 |

　むしろ，そのような「認容」という心情的な事情を認定することより，「ある程度の確率で轢くことは認識していました」ということを認定する蓋然性説の方が合理性があるように思うのです．警察官との距離とスピードの

関係，ハンドルの切り方，さらにはブレーキ痕等を積み上げて，どの程度轢く可能性があったのか，そこから詰めていくしかないと思うのです．もちろん，客観的な事情があれば，即故意があるというのではないのです．やはり，「ある程度の蓋然性は認識していたはずだ」と裁判官が心証を取れるかどうかなのです．合理的な疑いを超えて，被告人はこの程度の蓋然性を認識していたという心証が取れれば故意が認定できるのです．

　結局，残る問題は何かというと，どの程度のものが「蓋然的」なのかという点です．そして，この探求作業こそが，現代日本における「責任」，「非難可能性」の内実を求める最前線の1つなのです．

　蓋然性とは何％からなのでしょうか．ロシアンルーレットというのをご存知でしょう．六連発のピストルに1個弾丸が入っています．6分の1で弾が飛び出してきます．被害者を強制して自己の頭に向けて引き金をひかせる行為は殺人罪になるのでしょうか．8割以上弾は出てこないのです．それでも蓋然的なのですか，蓋然的じゃないのですか．今の日本では，6分の1だって故意だと思います．

　まさに，ここがポイントなのです．それは数字ではない，これが国民の常識であって，その使われた道具とか，それからその状況などを勘案して，どの程度の蓋然的なものを故意と認めるか，今の日本の国民の規範意識からしてどの程度のものが故意なのか．これが非難可能性の内容なのです．これを現実の事案を前にして，具体的に確定していかなければいけないのです．

2　狙ったのと違う人を殺した場合は

［1］事実の錯誤と国民の常識

　錯誤の意味は，先ほど説明しました（→64頁）．ここでは，いわゆる事実の錯誤について説明します．事実の錯誤とは，思っていたことと客観的に生じた事実にズレがあることをいいます．事実のきちんとした認識がなければ故意は認められないはずです．ただ，現実には，認識した事実と完全に一致した事実が発生することはむしろ稀でしょう．その意味で，人間の行動に一定の錯誤はつきものなのです．そこで，故意が否定される事実の錯誤は，一

定程度以上の重要なものを意味することになります．問題は「どの程度のズレがあれば，客観的事実が該当する犯罪類型の故意が否定されるのか」という点にあったといえましょう．

> 事実の錯誤は，(イ)客体の錯誤，(ロ)方法（打撃）の錯誤，(ハ)因果関係の錯誤の3つの態様に分かれます．(イ)**客体の錯誤**は，Aだと思って殺したところ実はBだったような場合です．それに対し(ロ)**方法の錯誤**は，Aを狙ったところ隣のBを殺してしまった場合です．(ハ)**因果関係の錯誤**は，狙った客体に認識通りの結果が発生したが，結果発生に至る因果の経過が認識と異なる場合であり，例えばAを溺死させようと川に突き落としたところ，橋桁に頭を打ちつけて死んだ場合です．

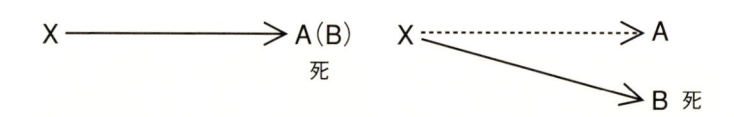

```
X ─────────→ A(B)      X ┈┈┈┈┈┈┈┈┈┈→ A
             死          ╲
                          ╲
                           →ᴮ B 死
```

[2] 日本の裁判所はどう考えてきたのですか

　認識と事実がどれだけズレた場合に故意の成立を否定すべきかを決定する基準に関し，2つの学説が対立してきました．**具体的符合説**は，認識した内容と，発生した事実が具体的に一致していなければ故意は認められないとする見解で，**法定的符合説**は，ズレが構成要件を超えなければ故意を認めるとする見解です．わが国では，ドイツの学説の影響を受けて具体的符合説を採用する見解も有力ではありますが，判例はほぼ一貫して法定的符合説を採用しています．

　具体的には，Aを殺そうとして誤って隣に立っていたBを殺害した事例が問題となります．具体的符合説は，Aに対する殺人未遂と，Bに対する過失致死を認め，法定的符合説は，Bに対する殺人既遂を認めるのです．

　法定的符合説は，AであろうとBであろうと「およそ『人』を殺そうとして『人』を殺した以上殺人既遂罪が成立する」と考えるといってよいでしょう．殺人罪は「人」を殺す罪だからです．これに対し具体的符合説は，それでは故意犯の成立範囲が広すぎるとし，Aを殺そうとして失敗し過ってBを殺してしまったに過ぎないと考えるのです．

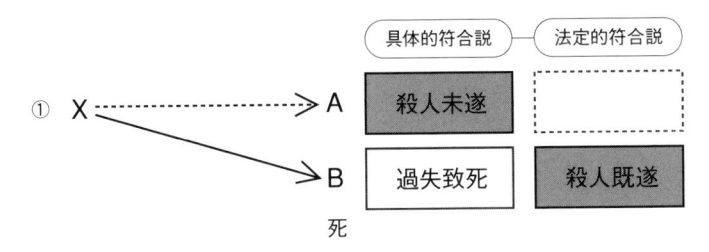

```
              具体的符合説    法定的符合説
                    ↘
① X - - - - - -→ A    殺人未遂   [          ]
     ↘
       → B    過失致死   殺人既遂
      死
```

　法定的符合説に対しては，XがAを殺害しようとしてAとBの2名を殺した場合，2つの殺人罪（故意）を認めることになり，故意の内容以上の刑責を認めることになるので理論的に誤っているという批判がなされてきました．具体的符合説では，Aに対する殺人既遂とBに対する過失致死を認めることになり，妥当だとするのです．さらに法定的符合説によれば，方法の錯誤の典型例であるXがAを殺害しようとしてBのみ殺害した場合に，Bに対する殺人既遂罪に加え，Aに対する殺人未遂が成立することになるはずです．しかし，法定的符合説は，Bに対する殺人既遂罪のみを問題にしているようにみえるのです．

　そこで，理論的に具体的符合説が正しいのだから，Aを殺そうとして誤って隣に立っていたBを殺害した場合，殺人既遂を認めるべきではないということになるのです．しかし，これは逆立ちした論理です．この場合に「殺人既遂」が正しいと多くの国民が考えるのであれば，その結論を採用しうる「理論」をつくるべきなのです．ただ，基本的には「どの程度ずれたら故意責任を問えなくなるか」という「評価」の問題なのです．

　そして，例えば，Aの飼犬を殺そうとして隣にいたAの飼猫を殺した場合，具体的符合説では，犬につき器物損壊罪の未遂，猫につき過失器物損壊罪が成立することになりますが，両者ともに現行刑法では不可罰なのです．それで良いのでしょうか．Aのペットを殺そうとして，現にAのペットを殺しているにもかかわらず，無罪となるのは不合理だと考える人が多いでしょう．

　「発生した事実に応じた犯罪類型の故意を成立させるだけの認識が存在したか」という故意論としては，例えば殺人罪の故意非難には「人」を殺す認識で十分であるというのが，現在の日本の常識で，「その人」，「Aという特定の人」を殺す認識を要求する具体的符合説は少数説なのです．

3 故意の客観化

　刑事訴訟の世界では，主観的な事情の立証のために自白を重視してはいけないのだとされています．今の日本の刑訴の諸悪の根源は自白偏重の捜査なのだというような議論すらあります．ただ，故意は，最後は主観的認識の有無を判断しなければならないと思うのです．できる限り客観的証拠によるべきですが．ただ，学説の中には，故意そのものを客観的に認定せよという議論が出てきます．人が犬を連れて歩いているところに銃弾を撃ち込んだ事例について，客観的にのみ判断しようとしたら，どうなるのでしょう．弾が人から 20 cm，犬から 80 cm なら殺人未遂で，人から 80 cm，犬から 20 cm なら，器物損壊の未遂ということになりかねない……．しかし，その判断の仕方には抵抗を感じますよね．

　やはり責任非難の問題としては，主観面は必要だと思うのです．認定の問題と要件の問題はやはり混同してはいけないのです．主観的認識を，客観的な事情（証拠）から認定していくことは，当然あります．自供がすべてではありません．しかし，故意というのは「認識」という主観的事情なのです．

　＊故意論の最後に，具体的に考えてみてください．復習です

　実際に最も重要なのは，故意の認定なのです．これも，裁判員裁判で扱うことのない無免許運転の罪が問題になった例ですが，面白い問題なので考えてみてください．

　「長さ 502 cm，幅 169 cm，高さ 219 cm で，もともとは運転席及び座席が合計 15 人分設けられていたが，かなり以前から，後方の 6 人分の座席を取り外して使用していた車両を普通自動車免許しか有しない者が運転した行為が無免許運転罪に該当する」として起訴された事件を考えてください．なお，本件車両の自動車検査証には，本件運転当時においても，乗車定員が 15 人と記載されていました．

　被告人 X は，普通自動車と大型自動車とが区別され，自己が有する普通自動車免許で大型自動車を運転することが許されないことは知っていたものの，その区別を大型自動車は大きいという程度にしか考えていなかったため，上記のような本件車両の席の状況を認識しながら，その点や本件車両の乗車

定員について格別の関心を抱くことがないまま，会社の上司から，人を乗せなければ普通自動車免許で本件車両を運転しても大丈夫であることを聞いたことや，本件車両に備え付けられた自動車検査証の自動車の種別欄に「普通」と記載されているのを見たこと等から，本件車両を普通自動車免許で運転することが許されると思い込み，本件運転に及んだものであったという事案です．この場合に，無許可運転の故意はあるのでしょうか．

　最決平成18年2月27日（刑集60・2・253）は，「道路交通法3条は，自動車の種類を，内閣府令で定める車体の大きさ及び構造並びに原動機の大きさを基準として，大型自動車，普通自動車，大型特殊自動車，大型自動二輪車，普通自動二輪車及び小型特殊自動車に区分し，これを受けて，同法施行規則2条は，大型特殊自動車，大型自動二輪車，普通自動二輪車及び小型特殊自動車以外の自動車で，車両総重量が8000kg以上のもの，最大積載量が5000kg以上のもの又は乗車定員が11人以上のものを大型自動車と，それ以外のものを普通自動車と定めているところ，乗車定員が11人以上である大型自動車の座席の一部が取り外されて現実に存する席が10人分以下となった場合においても，乗車定員の変更につき国土交通大臣が行う自動車検査証の記入を受けていないときは，当該自動車はなお道路交通法上の大型自動車にあたるから，本件車両は同法上の大型自動車に該当するというべきである．そして，前記の事実関係の下においては，本件車両の席の状況を認識しながらこれを普通自動車免許で運転したXには，無免許運転の故意を認めることができるというべきである．そうすると，Xに無免許運転罪の成立を認めた原判断は，結論において正当である」としました．裁判所の判断は納得できますか．

　普通免許では運転し得ない「大型車」の認識の有無が問題となります．実質的には，高度の技量がなければ運転が許されない形態の車両であることの認識の有無が吟味されなければならないのです．ここで，本件と同様の大きさであるが，何ら改造の加えられていないマイクロバスを，普通自動車免許で運転できると思い込んだ場合には，いかに違法性を意識していなかったとしても，故意の存在は否定できないことは争いないでしょう．故意非難を可能とする事実は十分に認識されているのです．

　問題は，本件においては，座席が9人分しかなく，Xは上司から，人を乗

せなければ普通自動車免許で運転しても大丈夫であるということを聞いていたという点です．また，自動車検査証の自動車の種別欄に「普通」と記載されているのを見たことも加わり，本件車両を普通自動車免許で運転することが許されるものと認識したことはやむを得ないようにも見えるのです（ただ，自動車検査証の自動車の種別欄の「普通」の記載は道路運送車両法の規定による区別であって，道路交通法上の普通自動車の概念とは異なるものです）．

自動車検査証の乗車定員欄の記載が 10 人未満に変更されており，それを認識していたような場合には，たとえそれが虚偽で法的には大型自動車である場合でも，故意を否定できる余地はあるでしょう．しかし本件では，乗車定員は確認しておらず，単に座席の一部が取り外され，席が大型自動車相当分はなかったという認識があるに過ぎないのです．たとえ座席の一部が取り外されていても，マイクロバスと，普通免許で運転しうる普通自動車として一般人が想定するものとには実質的にかなり差があるといわざるを得ないでしょう．座席の取り外しは比較的容易であり，改造はしばしば行われていることは一般にある程度認識されているといえましょう．少なくとも，単にマイクロバスの座席の一部が取り外されていることを認識したというだけでは，定員が変わって大型自動車でなくなるとは考えないのではないでしょうか．

第5章 裁判員が扱う犯罪の種類

1 対象事件

　裁判員裁判が対象とするのは，①**死刑**又は**無期**の懲役・禁錮にあたる罪に係る事件と，②法定合議事件（死刑，無期または短期1年以上の懲役・禁錮にあたる場合など）であって故意の犯罪行為により被害者を**死亡**させた罪に係るものです．これらは非常に重い犯罪類型で，裁判にかかる事件のごく一部に過ぎません．2007（平成19）年の統計では，裁判員裁判の対象となる事件は，全国で2643件です．全国の地方裁判所の事件数（通常第一審）が9万7826件ですので，わずかに2.7%なのです．この中で重要なものの構成

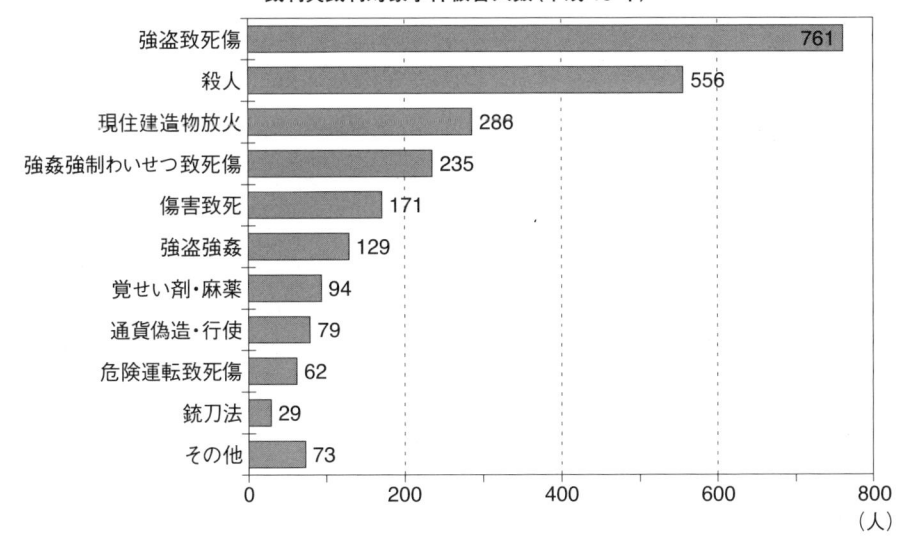

裁判員裁判対象事件被告人数（平成19年）

罪名	人数
強盗致死傷	761
殺人	556
現住建造物放火	286
強姦強制わいせつ致死傷	235
傷害致死	171
強盗強姦	129
覚せい剤・麻薬	94
通貨偽造・行使	79
危険運転致死傷	62
銃刀法	29
その他	73

（人）

要件について，簡単に説明しておきます．

[1] 殺人罪　傷害致死罪

> 199条　人を殺した者は，死刑又は無期若しくは5年以上の懲役に処する．
> 204条　人の身体を傷害した者は，15年以下の懲役又は50万円以下の罰金に処する．
> 205条　身体を傷害し，よって人を死亡させた者は，3年以上の有期懲役に処する．
> 208条の2（危険運転致死傷）Ⅰ項　アルコール又は薬物の影響により正常な運転が困難な状態で自動車を走行させ，よって，人を負傷させた者は15年以下の懲役に処し，人を死亡させた者は1年以上の有期懲役に処する．その進行を制御することが困難な高速度で，又はその進行を制御する技能を有しないで自動車を走行させ，よって人を死傷させた者も，同様とする．
> Ⅱ項　人又は車の通行を妨害する目的で，走行中の自動車の直前に進入し，その他通行中の人又は車に著しく接近し，かつ，重大な交通の危険を生じさせる速度で自動車を運転し，よって人を死傷させた者も，前項と同様とする．赤色信号又はこれに相当する信号を殊更に無視し，かつ，重大な交通の危険を生じさせる速度で自動車を運転し，よって人を死傷させた者も，同様とする．

①殺人罪

これまでの構成要件の説明は，かなりの部分が，殺人罪を念頭に置いています．その意味で，最も典型的な犯罪類型と言ってよいでしょう．

殺人とは，人を殺すことです．客体は「人」に限られます．殺人罪や傷害致死罪における人は，①**自然人**に限られ，また②**他人**に限られます．自殺は，未遂も含めて処罰されないのです．そして，③胎児は含みません．胎児は堕胎罪の対象とされるのみです．ただ，胎児の身体の一部でも母体外に露出されれば人となると考えられています．なお，このように考えますと，**中絶**して母体外に生きて排出された胎児（子）の生命を絶つ行為は，殺人となるように見えます．しかし，中絶は母体保護法で正当化される場合が多いのです．

胎児が生命を保ったまま排出される場合がかなり含まれており，その場合に殺人罪は適用されていません．適法に中絶できる段階，つまり母体外で独立して生存する可能性の全くない段階では，「人」にはあたらないと解さざるを得ないのです．

「死」により，本条の客体である人でなくなるのですが，実は死についての法的な定義はないのです．かつては三徴候説（心臓死説）が争いなく採用されてきました．**自発呼吸の停止，脈（心臓）の停止，瞳孔反射機能などの停止**の3点により心臓の死を判定し，それを以て人の死としてきたのです．しかし，①人工心臓の開発，②心臓死を前提にすると心臓や肝臓の移植が不可能であること等を背景に，脳の死を以て人の死とする**脳死説**が有力になりました．臓器の移植に関する法律第6条は，脳死体からの臓器摘出を正当化しています．ただ脳死体はすべて死体であるとした訳ではありません．

> **広義の安楽死**とは，死期が迫っていることが明らかな場合に，患者の苦痛をやわらげるために，一定の条件の下にその死期を早める，あるいは死期を人工的に延ばすのを止めることで，2つの型に大別できます．1つは，末期患者から人工的な生命維持装置をはずす**延命措置の中止**です．この類型は，通常，患者による延命措置打ち切りの意思表示がなされていない場合が多いので，刑法上は，同意殺人罪ではなく殺人罪の成否が問題となります．患者の延命希望が明確であったり，意思が全く不明の場合で，苦痛も存在しない場合には，取り外し行為を正当化するのは困難でしょう．そこで，生命維持装置を機能させないことは積極的行為ではないと構成する説が主張されることになるのです．
>
> これに対して，死期の迫った（しかも苦痛の甚だしい）患者の苦痛をやわらげるためにモルヒネなどを投与したり，積極的に死期を早める措置をとる行為が**狭義の安楽死**です．この類型では，通常，承諾殺人罪の成否が問題となり，①耐え難い肉体的苦痛が存在し，②死が回避不能でかつ死期が差し迫っており，③患者の肉体的苦痛を除去・緩和するために方法を尽くし，他に代替手段がなく，④患者の明示の意思表示が存在するときには，積極的に死期を早める安楽死も，例外的に許容されうると考えられています．

実行行為は，自然の死期に先立って他人の生命を絶つことです．殺意の下で何らかの行為をすれば足りるというわけではなく，人の死を惹起する危険

性を有するものでなければなりません．不能犯のところで述べましたように，硫黄を飲ませて殺そうとした行為について殺人未遂にもならないとしています．しかし，静脈へ致死量に満たない空気を注射する行為は殺人未遂行為とされるのです．死亡保険金等詐取を目的として反復継続して市販の総合感冒薬等及び高濃度のアルコールを含有する飲料を大量に飲ませ続ける行為にも殺人の実行行為性が認められました．

　刑法202条は，人を教唆し若しくは幇助して自殺させ，又は人をその嘱託を受け若しくはその承諾を得て殺した者は，6月以上7年以下の懲役又は禁錮に処すると定めています．被害者の同意があっても，殺害すれば処罰するのです．ただ，殺人罪は適用になりません．ここでも，同意があったのか否かの評価が問題となります．女性に別れ話を持ちかけたところ相手がそれに応じず心中を申し出たので，渋々相談に乗ったものの途中から心中する気がなくなったのに，追死してくれると女性が信じているのをいいことに追死するように装い，青酸ソーダを同女に与えて飲ませ死亡せしめた場合はどちらなのでしょうか．判例は，本人の死の決意は，真意に添わない重大な瑕疵があるとし，「被害者を欺罔し被告人の追死を誤信させて自殺させた被告人の所為は通常の殺人罪に該当する」と判断しました．

　もっとも，「本当のことを知っていれば自殺（嘱託）しなかった以上すべて普通殺だ」とするのは，殺人罪が広がりすぎると考える国民も多いでしょう．「錯誤」の重要性の程度を吟味する必要があるのです．

②傷害致死罪

　傷害罪とは，人の身体に傷害結果を生じさせる犯罪です．傷害とは身体の外観上の完全性を害する面もありますが，判例は**生理機能の障害**と解しているようです．めまいを生じさせたり，下痢を起こさせたりする場合も傷害なのです．傷害は通常，**暴行（物理的な有形力の行使）**によってもたらされます．しかし，脅迫して精神病に追い込む場合も傷害罪となります．なお，傷害罪も故意犯である以上，傷害の結果の認識が必要なはずですが，ケガをさせる気は全くなく顔面を殴打し傷害を負わせたような場合にも，傷害罪の成立は認められるのです．その意味で，暴行の故意で傷害の結果を生ぜしめた場合も傷害罪として扱うのです．

傷害致死罪は，結果的加重犯（→62頁）の典型例です．結果的加重犯とは，ある基本的犯罪から，その故意の範囲を超えた重い結果が生じた場合に基本的犯罪より重く処罰する犯罪類型であり，重い結果についての認識・予見は不要とされます．死を予見すれば，傷害致死罪ではなく殺人罪となってしまうのです．なお，傷害致死罪にはⓘ傷害の故意のある通常の傷害罪から致死の結果が生じた場合と，ⓡ暴行の故意しか存在しない傷害罪，いわば暴行致傷から死の結果が生じた場合の2通りがあることに注意してください．例えば，石をぶつけて脅すつもりが，石が頭に命中して死亡した場合はもとより，石が傍らを通過したのに驚いた被害者が崖から落ちて死亡した場合も，過失致死ではなく傷害致死となるのです．傷害致死罪で最も争われるのは傷害（暴行）行為と死の結果の因果関係です（→54頁）．

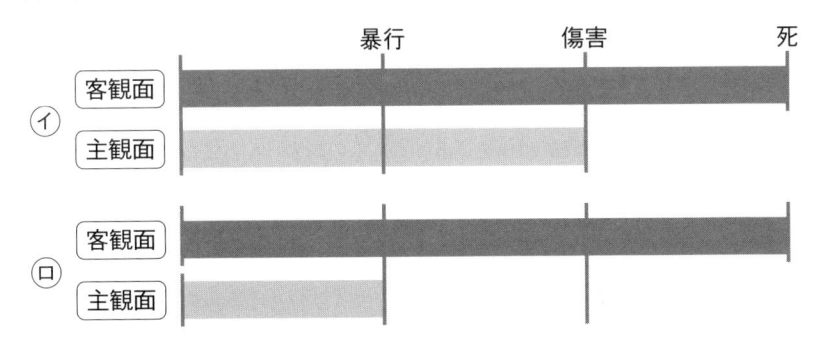

		暴行	傷害	死
ⓘ	客観面			
	主観面			
ⓡ	客観面			
	主観面			

> **危険運転致死傷罪**　平成13年12月から施行された本罪（刑法208条の2）は，故意に**危険運転行為**を行い，その結果人を死傷させた者を，暴行により人を死傷させた者に準じて処罰するものです．具体的には，人を負傷させた者を15年以下の懲役，人を死亡させた者を1年以上の有期懲役に処するのです．酩酊などの危険運転行為により，意図しない人の死傷の結果が生じたときに成立する結果的加重犯に類する犯罪類型です．直接的には，人の生命・身体の安全を保護するものですが，2次的には，交通の安全も視野に入れているといえましょう．
> 　Ⅰ項は，①酩酊，②高速度，③技能欠如という的確に進行を制御することが困難な状態での走行の類型であり，Ⅱ項は①通行妨害目的，②信号無視という，特定の相手方との関係で又は特定の場所において重大な死傷事故を発生させる危険性のある運転行為の類型です．

具体的に考えてみましょう

　Xは，手の平で患者の患部をたたいてエネルギーを患者に通すことにより自己治癒力を高めるという「シャクティパット」と称する独自の治療を施す特別の能力を持つなどとして信奉者を集めていました．Xの信奉者のAは，脳内出血で倒れて病院に入院し，意識障害のため痰の除去や水分の点滴等を要する状態にあり，生命に危険はないものの，数週間の治療を要する状態でした．Aの息子Bは，やはりXの信奉者であったのですが，後遺症を残さずに回復できることを期待して，Aに対するシャクティ治療をXに依頼しました．実はXは，脳内出血等の重篤な患者につきシャクティ治療を施したことはなかったのですが，Bの依頼を受けて，滞在中のホテルで同治療を行うことにしました．しかしAの主治医はAを退院させることはしばらく無理であると警告していました．Bら家族も主治医の許可を得てからAをXの下に運ぼうと考えていたのですが，Xは，「点滴治療は危険である．今日，明日が山場である．明日中にAを連れてくるように」などとBらに指示して，なお点滴等の医療措置が必要な状態にあるAを入院中の病院から運び出させ，その結果，Aの生命に危険が生じました．Xは，前記ホテルまで運び込まれたAの容態を見て，そのままでは死亡する危険があることを認識したことが，認定されています．そして，Xは，これまでの指示の誤りが露呈することを避けようと思い，シャクティ治療のみをAに施し，痰の除去や水分の点滴等Aの生命維持のために必要な医療措置を受けさせないままAを約1日の間放置し，痰による気道閉塞に基づく窒息によりAを死亡させてしまいました．Xには殺人罪が成立するのでしょうか，傷害致死罪が成立するのでしょうか．ここで，Xの認識が問題となります．未必の故意の所で述べたように，Xが認識していた内容が，「生命維持の措置を施さなければ死ぬ蓋然性がある」というものであれば，殺意が認められるでしょう．たとえ死んで欲しくないと思っていても，殺意はあるでしょう．

　ただ，それだけでは殺人罪は成立しません．Xは，手の平で患部を叩いただけです．積極的な殺害行為は行っていないのではないでしょうか．しかし，不作為による殺人罪の実行も可能なのです．乳児に授乳しないで餓死させる母親の行為がその典型例です．ただ，不作為犯の場合，処罰の範囲が広がりやすいことに注意しなければなりません．作為により積極的に殺すのと同視できる事情が必要だと考えられているのです．この事情の有無を判断する作業も，非常に難しいですが，裁判員にとっての重要な課題

です．溺れている子を助けない親は，見ず知らずの通りすがりの人が助けない場合より，不作為の殺人になりやすいのです．ただ，助けることが不可能な場合は殺人罪は成立しません．また，自ら被害者に生命の危険を発生させるような行為（例えば池に突き落とす行為）をして，助けない場合には，そうでない人に比し，不作為の殺人になりやすいですし，寝たきりの人を介護する契約をしながら放置して死亡させれば，不作為の犯罪となる可能性が高いといえるでしょう．

この事例に関する最決平成17年7月4日（刑集59・6・403）は「Xは，自己の責めに帰すべき事由により患者の生命に具体的な危険を生じさせた上，患者が運び込まれたホテルにおいて，Xを信奉する患者の親族から，重篤な患者に対する手当てを全面的にゆだねられた立場にあったものと認められる．その際，Xは，患者の重篤な状態を認識し，これを自らが救命できるとする根拠はなかったのであるから，直ちに患者の生命を維持するために必要な医療措置を受けさせる義務を負っていたものというべきである．それにもかかわらず，未必的な殺意をもって，上記医療措置を受けさせないまま放置して患者を死亡させたXには，不作為による殺人罪が成立する」としています．Xの支配下に置いて，他の医師が手を出せない状況にあったことも重要なのだと思います．

[2] 強盗致死傷罪　強盗強姦罪　強盗強姦致死罪

236条Ⅰ項　暴行又は脅迫を用いて他人の財物を強取した者は，強盗の罪とし，5年以上の有期懲役に処する．
　　　　Ⅱ項　前項の方法により，財産上不法の利益を得，又は他人にこれを得させた者も，同項と同様とする．
238条　窃盗が，財物を得てこれを取り返されることを防ぎ，逮捕を免れ，又は罪跡を隠滅するために，暴行又は脅迫をしたときは，強盗として論ずる．
239条　人を昏酔させてその財物を盗取した者は，強盗として論ずる．
240条　強盗が，人を負傷させたときは無期又は6年以上の懲役に処し，死亡させたときは死刑又は無期懲役に処する．
241条　強盗が女子を強姦したときは，無期又は7年以上の懲役に処する．よって女子を死亡させたときは，死刑又は無期懲役に処する．

①強盗罪

強盗罪とは，暴行または脅迫を用いて他人の財物を強取し，または財産上不法の利益を得る犯罪です．実行行為は，暴行・脅迫行為により始まります（実行の着手）．暴行とは人に対して有形力を行使することで（→76頁），脅迫とは害悪を告知することです．暴行・脅迫は，拳銃を用いたり凶器を用いるなど，相手が抵抗できない程度の強度なものでなければなりません．それによって，人の身体・自由という法益の侵害を伴うため，5年以上の有期懲役という重い法定刑が定められています．脅迫を手段とする恐喝罪に近い面があるのですが，恐喝罪は，相手に恐怖心を抱かせるものの，相手に自から交付・処分させる余地を残す程度のものとされ，両者は区別されます．

コンビニ強盗　事件の現場を調べる捜査員　2009年3月　都留/山梨（毎日新聞社提供）

事後強盗とは，窃盗犯人が，財物を得てこれを取り返されることを防ぎ，逮捕を免れ，又は罪跡を隠滅するために，暴行又は脅迫をした場合で，強盗として扱われます（238条）．**窃盗犯人**が犯行終了後ないし着手後窃盗の意思を放棄して犯行現場を離れるに際して，しばしば被害者らに暴行・脅迫を加えることに着目し，強盗と同一に取り扱うのです．239条の昏酔強盗と併せて**準強盗**と呼ばれます．強盗として扱われるので，暴行手段から死傷の結果が生じたときは刑法240条の適用を受けるし，姦淫行為を行え

ば強盗強姦罪（241条）となります．

　②**強盗致死傷罪**
　240条の**強盗致死傷罪**は強盗犯人のみを主体とする犯罪です．強盗犯人とは強盗罪の実行に着手した者を指し，既遂に達しているか否かは問いません．準強盗罪の犯人も含まれることに注意してください．

　強盗の際には人を死傷させることが多いために，生命・身体という法益をも考慮して，240条に加重類型が設けられたのです．傷害した場合でも無期または6年以上の懲役と法定刑が大変重く，死を生ぜしめた場合は死刑または無期しか存在しません．裁判員裁判で取り扱う最も多い犯罪となることが予想されます．

　240条前段は「人を負傷させた」場合です．負傷とは，204条の「傷害」同様，人の生活機能に障害を与える一切の場合を含むと解されています．この負傷は，被害者の反抗を抑圧する手段としての暴行・脅迫から直接生ずることを要するという説も有力だったのですが，現在は判例・多数説とも，**強盗の機会**に他人に傷害を加えればよいとされています．①追いかけてきた被害者に，強盗現場から離れたところで暴行を加えケガをさせる場合や，②暴行・脅迫を加えたところ被害者が逃げ出して自らケガをした場合に，強盗手段から直接生じていないとして，単なる傷害罪と評価するのは妥当でないと考えられています．③また，財物強取を終えた後に傷害を負わせた場合でも，直後であれば，強盗傷人罪の成立の余地は存在するといえるでしょう．

　240条は，強盗の結果的加重犯的性格を有するため，重い結果たる傷害の認識は不要です．ただ，意図的に傷害を負わせて財物を強取する場合をも含むと解すべきでしょう．傷害を負わせて財物を強取することはしばしば見られることで，強盗の主要な態様といえるからです．

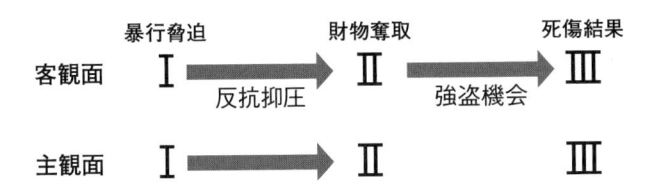

```
              暴行脅迫        財物奪取        死傷結果
客観面     Ⅰ ────────→ Ⅱ ────────→ Ⅲ
              反抗抑圧        強盗機会

主観面     Ⅰ ────────→ Ⅱ          Ⅲ
```

　死亡させた時は，死刑か無期しかないのです（法定刑）．傷害に関する場

合同様，240条後段についても，強盗の機会に人を殺害すれば足り，殺害を強盗の手段に利用することは必要ありません．逃走するにあたり追跡してきた家人を被害者宅の入口付近で刺殺した場合は，刑法240条後段に該当するのです．ただ，強盗と関係のない殺害が，たまたま強盗と時間的・場所的に近接した場面で発生しただけで，刑法240条後段の重い法定刑が適用されることは許されないでしょう．強盗犯人が**故意**に人を殺害した場合をどのように扱うのかについては，争いがありました．240条には殺意のある場合を含むとする説と，含まないとする説の対立です．刑法240条は重い結果に故意がなくとも重く処罰する以上，重い結果に故意のある場合を含まない犯罪類型だと解すべきだとすることも一理あります．しかし，刑法が，「人を殺害して財物を奪う」という強盗の典型的態様を除外しているとみるのは合理的でないでしょう．

　本罪は，財物奪取の前に死亡させた場合も含みます．銀行強盗に押し入る前に，実行の妨害となる隣接の交番の巡査を射殺した場合も，刑法240条後段が成立するとされています．強取の意思で死亡させた後3日ないし8日を経過して被害者所有の財物を奪取した場合も強盗致死罪が成立するとした例もあります．しかし，殺害行為時に強盗の故意が必要で，人を殺害した後に財物奪取の意思が生じた場合は本条の対象となりません．

③強盗強姦罪

　強盗強姦罪（241条前段）は，強盗犯人がしばしば反抗を抑圧された婦女を強姦することに着目した規定です．本条がなければ，強盗罪と強姦罪の両方が成立することになります（5年以上の有期懲役）．

　241条の主体は**強盗犯人**であり，強姦犯人が強盗を行なった場合には，強姦罪と強盗罪が成立するのです．強盗犯人には未遂も含まれます．なお241条の**未遂**は，より重大な法益の侵害である強姦行為の未遂であり，強盗未遂犯が姦淫をすれば241条の既遂罪となります．

　241条の場合も240条と同様，強姦は**強盗の機会**になされれば足りるとされています．本条の場合の強盗の機会の判断に際しては，強取の際の反抗抑圧状態が継続していたか否かが最も重要です．例えば，身代金獲得目的で車ごと女性を誘拐し，約2時間20分後に15km離れた場所で強姦の犯意を生

じて姦淫した場合は，強盗強姦ではなく，強盗罪と強姦罪が成立するとされましたが，他方，車を強取した約2時間10分後に強取した車内で強姦した場合は強盗強姦罪が成立するとされています．時間的・場所的距離の大小もさることながら，被告人と被害者の心理的関係が重視されるのです．

　強盗強姦犯人が被害者を殺害した場合も，死刑か無期しかありません．なお，241条後段は240条と異なり，死亡させた場合についてのみ規定し，傷害を負わせた場合については触れていません．強盗強姦罪の法定刑は7年以上の有期懲役または無期懲役なので，致傷の点はすでにその中で評価されていると考えられています．

> **強盗罪と強姦罪を例に具体的に考えてみましょう**
>
> 　髪の長い女性を認めて強姦の目的で被害者居室に侵入し，脅迫しその反抗を抑圧しつつ全裸にしたところ，実は男性であることに気づき，強姦をあきらめたのですが，その際，この機会を利用して金品を奪おうと考えました．そして財物を奪ったら何罪になるのでしょう（東京高判昭57・8・6判時1083・150）．脅迫して裸にしていますから，強姦の未遂にはなりそうですが，被害者は男性なので，前述のように，強姦罪の実行を開始したとは認められません．ただ，もっと重い強盗罪になる可能性があります．相手が抵抗できないことを認識しながら奪っているのです．
>
> 　ただ，故意犯である強盗罪は，当初から財物奪取の意思で暴行・脅迫を加えて強取することにより成立するという考え方が有力です．先ほどの事例も，暴行・脅迫を加え被害者の反抗が抑圧された後の段階で，財物奪取の意思が新たに生じた場合は，奪取行為は強盗ではなく窃盗となると考えました．
>
> 　ただ，反抗抑圧後にそれを利用して財物を取得する場合に，新たな暴行・脅迫行為を伴うことが認められれば，強盗にできます．そして，一般の場合に比し，すでに強姦等が行われている場合には，より軽度の暴行・脅迫で強盗の手段になりうるでしょう．
>
> 　それでは，次のような事例はどうでしょう．Xは，わいせつな行為をする目的で，女性宅に侵入し，逃げ出そうとした被害者の顔面を数回殴り俯せにさせて両手を後ろ手に縛り，目隠しをするなどの暴行を加え，その後，わいせつな行為に及び（それによって約4週間の傷害を負わせています），わいせつな行為の最中及び終了後に，被害者の携帯電話と下着を奪うことを決めて，被害者が気付かないうちに，携帯電話等を奪ったとい

う場合です。東高判平成20年3月19日（判タ1274・342）は、強盗を認めました。被害者が緊縛された状態にあり、実質的には暴行・脅迫が継続していると認められる場合には、新たな暴行・脅迫がなくとも、これに乗じて財物を取得すれば、強盗罪が成立すると説明しています。「緊縛された状態にある被害者は、一切の抵抗ができず、被告人のなすがままにまかせるほかないのであって、被告人の目的が最初は強制わいせつであったが、その後財物取得の意思も生じて財物を取得しても、なすすべが全くない状態に変わりはないのに、その行為が窃盗にすぎないというのは、不当な結論であるといわなければならない」という東京高裁の説明に納得がいきますか？　考えてみてください。

　もう1つ、具体例を考えてみましょう。金品を盗む目的で被害者方に侵入してバッグを手に取り、そのまま被害者方を出て追跡されることなく隣接する自宅に戻り、約10分ないし15分間逡巡するうち、窃盗現場を立ち去る際家人に自己の犯行を気付かれたのではないかと不安になり、家人の殺害を決意して再び被害者方に戻って、被害者を殺害してしまったという事案です。バッグを盗んだので窃盗罪ですね。そして殺したのですから殺人罪です。東京高判平成17年8月16日（判タ1194・289）はそうしたのです。しかし、先ほど事後強盗罪というものを説明しました。盗んだ後、犯跡を隠蔽する為に暴行を加えれば強盗として扱うのでしたね。この事案も、バッグ窃取後、誰からも追跡されずに自宅に戻り、盗品を自宅内に置いた上で被害者方に戻ったというのですから事後強盗になりそうにも思います。そうなると、強盗殺人罪になり、死刑か無期ということになるのです。事後強盗の成否を分けるのは、事後的暴行・脅迫、窃盗の犯行の機会の継続中に行われたか否かです。先の東京高裁は、自宅に戻った以上被害者の支配領域から完全に離れたというべきで、被害者等から財物を取り返され、あるいは逮捕され得る状況がなくなったと認められるので、窃盗の機会の継続中に行われたものということはできないと考えたのです。ただ、窃盗行為との時間と距離が余りにも近く、また主観的には追及が及んでいると考えていたとも解し得るのですから、窃盗の犯行の継続中とすることもできるようにも思われます。どうか考えてみてください。

[3] 強制わいせつ・強姦致死傷罪

> 176条（強制わいせつ）　13歳以上の男女に対し，暴行又は脅迫を用いてわいせつな行為をした者は，6月以上10年以下の懲役に処する．13歳未満の男女に対し，わいせつな行為をした者も，同様とする．
>
> 177条（強姦）　暴行又は脅迫を用いて13歳以上の女子を姦淫（かんいん）した者は，強姦の罪とし，3年以上の有期懲役（20年——筆者注）に処する．13歳未満の女子を姦淫した者も，同様とする．
>
> 178条（準強制わいせつ及び準強姦）Ⅰ項　人の心神喪失若しくは抗拒不能に乗じ，又は心神を喪失させ，若しくは抗拒不能にさせて，わいせつな行為をした者は，第176条の例による．
>
> 　Ⅱ項　女子の心神喪失若しくは抗拒不能に乗じ，又は心神を喪失させ，若しくは抗拒不能にさせて，姦淫した者は，前条の例による．
>
> 178条の2（集団強姦など）　2人以上の者が現場において共同して第177条又は前条第2項の罪を犯したときは，4年以上の有期懲役（20年——筆者注）に処する．
>
> 181条（強制わいせつ等致死傷）Ⅰ項　第176条若しくは第178条第1項の罪又はこれらの罪の未遂罪を犯し，よって人を死傷させた者は，無期又は3年以上の懲役に処する．
>
> 　Ⅱ項　第177条若しくは第178条第2項の罪又はこれらの罪の未遂罪を犯し，よって女子を死傷させた者は，無期又は5年以上の懲役に処する．
>
> 　Ⅲ項　第178条の2の罪又はその未遂罪を犯し，よって女子を死傷させた者は，無期又は6年以上の懲役に処する．

①強制わいせつ罪

強制わいせつ罪は，13歳以上の男女に対し，**暴行・脅迫**を手段としてわいせつな行為をした場合と，13歳未満の男女に対し，わいせつな行為をした場合を処罰します．13歳未満の場合には，暴行・脅迫が要件ではなく，被害者の承諾があっても成立するのです．13歳以上の男女に対し，暴行・脅迫以外の，例えば欺罔行為を用いてわいせつな行為を行うのは，強制わいせつではありません．男性も被害者になりうるのです．一般に176条の暴行・脅迫は，208条の暴行，222条の脅迫より強度の，**相手の反抗を著しく困難にする**

程度のものが必要とされています。強盗罪よりはやや軽度のもので足りるといえましょう。例えば、手足を押さえつけるような行為が典型です。

実行行為は、わいせつな行為です。刑法上のわいせつの意義は、主として「この映画はわいせつか」というような問題（わいせつ物頒布罪（175条）等の成否）の中で議論されて、「徒に性欲を興奮または刺激せしめ、かつ普通人の性的羞恥心を害し、善良な性的道義観念に反すること」という厳めしい定義が維持されてきました。ただ、強制わいせつ罪は、個人の肉体を直接侵害する罪である以上、公然わいせつ罪等のわいせつ概念よりも広くならざるを得ないのです。映画のキスシーンが、善良な道義観念に反するとは考えられませんが、無理やりキスする行為は強制わいせつです。着衣の上からされたものであっても、女性の臀部を手のひらでなで回した行為は強制わいせつ罪の「わいせつ行為」にあたるとされています。そして、176条のわいせつ行為は、必ずしも被害者の身体に触れる必要はないことに注意しなければなりません。例えば、裸にして写真を撮る行為も含むのです。

②強姦罪

強姦罪の被害者は、強制わいせつ罪と異なり、女性に限られます。主体は男性に限られます。もっとも、女性1人では強姦罪を犯せないのですが、男性の行為を利用して177条の保護法益を侵害し得るので、本罪の共同正犯（→107頁）にはなり得ます。また、状況によっては、夫が妻に対して強姦罪を犯し得るのです。

強姦の場合も、手段は**暴行・脅迫**です。反抗を著しく困難にする必要があります。強姦罪の着手時期は、手段としての暴行・脅迫の開始時点ということになります。例えば、①2人が姦淫の目的で、いやがる女性をダンプカーの運転席に引きずり込んだ時点、②タクシー運転手が深夜女性を乗せ、指示に反し山間部に車を向け、空き地で止めて自動車後部のドアを開け女性の身辺に迫ろうとした時点で着手が認められています。車で連行して強姦する場合には、車に監禁する行為が強姦の着手となるでしょう。

> **集団強姦等罪** 2004（平成16年）に新設された犯罪類型で、2人以上の者が現場において共同して強姦罪を犯すことが類型的に存在し、国民の処

> 罰感情が強いことを考慮して，単独の強姦罪・準強姦罪より重く処罰する規定を設けました．改正前から，集団的形態の強姦については親告罪の例外とされており，一般の強姦より悪辣性が高いという評価は，法的にも存在したのですが，法文に明示したのです．減軽事由のない限り，執行猶予を付し得ないのです．当然，親告罪（被害者の告訴がなければ起訴できない罪）でもないのです．

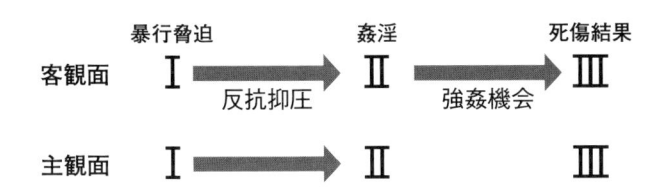

```
              暴行脅迫        姦淫          死傷結果
 客観面    Ⅰ ──────→ Ⅱ ──────→ Ⅲ
              反抗抑圧       強姦機会

 主観面    Ⅰ ──────→ Ⅱ           Ⅲ
```

③強制わいせつ・強姦致死傷罪

強制わいせつ・強姦致死傷罪は，強制わいせつ罪，強姦罪から死傷の結果が生じた場合の結果的加重犯です（→62頁）．平成16年に法定刑の下限が3年から5年に引き上げられ，集団強姦の場合の致死傷罪は6年以上無期の懲役と定められました．

死傷はわいせつ行為・姦淫行為から生じた場合もありますが，手段としての暴行等による致死傷も多いのです．傷害には，通常の創傷，挫傷，擦過傷等も含まれるとされています．毛を抜くこと，病気を感染させること，キスマークをつけることも生理機能の障害には該当するでしょう．ただ，本罪の法定刑の高さからして，軽度の内出血などは本条の傷害には含まれないと思われます．

なお，死傷の結果は，姦淫行為ないし暴行・脅迫から直接生じたものに限らず，**強姦の機会**に行われた密接関連行為から生じたもので足りるとされています．ただ強姦の機会に生じた傷害をすべて含むわけではなく，例えば，姦淫の目的で暴行行為に着手したところ，被害者がかねてから恨みを持っていた女性であることに気づいて復讐の意思で殴打し傷害を加えた場合，181条を構成するとは思われません．強姦終了後の暴行により生じた死傷も，原則として，181条を構成しないのです．

強姦罪の場合には，事後強盗罪（→80頁）に相当する規定は存在しません．

ただ，事後であっても，「時間的・場所的に，姦淫目的の暴行脅迫と接着して行われ，逃走のための行為として通常随伴する行為の関係にあり一体として当該強姦の犯罪行為が成立するとみるべき場合」には，強姦致傷罪が成立し得るとされています．

原因となった暴行ないし姦淫行為と結果との結びつきは，微妙な場合が多いのです．強姦しようとして下半身を裸にしたところ，寒さと被害者の異常体質のため被害者がショック状態に陥ったので，被告人は死んだと誤信しそのまま放置して凍死させた事案について，181条が成立するとされました．強姦されそうになり，全裸で逃げたため石や草木などでケガをした場合には，強姦致傷罪が成立するとされています．ただ，被害者が自殺した場合は強姦致死罪としては立件されていないようです．

死傷の結果が生じれば，姦淫行為が未遂でも致死傷罪は成立します．強姦未遂罪を犯し，よって死傷の結果を生ぜしめれば足りるのです．181条に**未遂はありません**．

> **準強姦罪** 178条は，人の心神喪失もしくは抗拒不能に乗じ，又はそのような状態にならしめて，わいせつな行為（Ⅰ項），または姦淫行為をした者（Ⅱ項）を準強制わいせつ・準強姦として176条ないし177条の法定刑を適用して処罰します．準強姦罪が成立するには，行為者が被害者の抵抗できない状態について認識している必要があります．

[4] **現住建造物等放火罪**

> 108条（現住建造物等放火） 放火して，現に人が住居に使用し又は現に人がいる建造物，汽車，電車，艦船又は鉱坑を焼損した者は，死刑又は無期若しくは5年以上の懲役に処する．

放火罪は，個人の家などを燃やすということに止まらず，社会を危険にさらし**公共**に危険を及ぼす罪と考えられ，死刑を含む重い刑罰が予定されています．不特定又は多数の人の生命，身体や財産に危険が及ぶのです．

裁判員制度の対象となる108条の客体は**現に人の住居に使用し又は現に人がいる建造物**（現住建造物）等に限られます．**人**とは犯人以外の者を意味し，

犯人の家族も含みます．それ故，夫婦二人暮しで，妻が実家に帰ったときに放火した場合には本条が成立するのです．そして，家人を皆殺しにした後放火した場合は，本条の罪は成立しないとされてきたのです．**現に住居に使用する**といっても，昼夜常に人が生活していなくてもよく，夜だけ寝泊まりする家屋ももちろん本条の客体です．また，建造物の一部が生活の場として用いられていれば，全体が現住建造物となるとされています．また，住居に使用していなくても，放火時に**現に人**がいれば108条の客体となります．

住民の男が放火し炎を上げて燃えるアパート　2009年3月
甲府市/山梨（毎日新聞社提供）

　放火罪の実行行為は**放火行為**であり，それに着手すれば未遂となります．直接客体に点火する場合はもちろん，媒介物を利用する場合を含みます．人の住む母屋を燃やす目的で，それに隣接する物置を焼損した場合は，物置に対する放火既遂（109条）に見えるのですが，現住建造物への放火の行為が始まっているので，現住建造物等放火罪の未遂が成立します．さらに自然に発火し導火材料を経て目的物を燃やす装置を設けただけで，着手は認められるでしょう．また，すでに火のついているところに油を注ぐ行為も，火を放つ行為なのです．なお，放火は，不作為の形で実行されることの比較的多い犯罪類型とされています．

　そして，放火して焼損に至れば既遂となるのです．**焼損**とは，火が媒介物を離れ独立に燃焼を継続する状態に達することだとする考え方が有力です（独立燃焼説）．判例も，天井板を30cm四方焼けば既遂だとしています．

理論的には，「目的物の重要部分が焼失するまでは既遂でない」とすることもできます．しかし，木造建造物が多いことなどから形成された「火事」に対しての厳しい国民のイメージからは，それでは既遂が遅すぎると感じるのだと思います．また，建物の一部が燃焼しても有毒ガスを発生させ人命を奪うことが多いですし，最近の多くの建築物はその重要部分がコンクリートや鉄筋で，完全な焼失ということは考えにくいのです．

[5] 通貨偽造・同行使罪

> 148条（通貨偽造）Ⅰ項　行使の目的で，通用する貨幣，紙幣又は銀行券を偽造し，又は変造した者は，無期又は3年以上の懲役に処する（未遂を処罰する──151条）．
>
> 148条（偽造通貨行使）Ⅱ項　偽造又は変造の貨幣，紙幣又は銀行券を行使し，又は行使の目的で人に交付し，若しくは輸入した者も，前項と同様とする（未遂を処罰する──151条）．

通貨偽造罪も非常に重い犯罪です．通貨制度の信頼が失われれば，国の存立が揺らぐからです．通貨偽造罪の客体は，通用する貨幣，紙幣又は銀行券です．**貨幣**とは硬貨すなわち金属の貨幣のみを指し，**紙幣**は，政府その他の発行権者により発行された貨幣に代用される証券のことですが，現在の日本にはありません．一般に紙幣と考えられているのは，厳密には**銀行券**で，政府により権限を与えられた特定の銀行（日本銀行）が発行する貨幣に代用される証券のことです．これらの通貨は**通用**するものでなければなりません．通用するとは，強制通用力を有することです．それ故，明治時代の非常に高価な金貨を偽造しても通貨偽造罪にはならないのです．

実行行為の**偽造**とは，発行権を有しない者が真貨と誤信させるような外観のものを作り出すことです．貨幣に酷似したものを鋳造したり，銀行券に似せた印刷物を作成する行為の他，銀行券をコピーしそれに加筆するとか，真券に細工をする場合も含みます．誤信させるに至らない程度のものを作成した場合は，本条ではなく，通貨及証券模造取締法の対象となります．同法は，通貨や公的証券等に紛らわしい外観を有するものの製造・販売を罰するのです．

変造とは，真正の通貨を加工して額面価格の異なる通貨に改めることです．例えば，100円札の額面価格の部分にインクで変更を加え，さらに全体を青くして500円札に見せかける行為（東京高判昭30・12・6東高刑報6・12・440）が典型例です．なお，元の通貨と**同一性を欠く**ようなものを作成した場合は偽造となるとされています．8枚の千円札からその一部ずつを集めてつなぎあわせて新たな1枚と見せかける行為は偽造とされました．これに対して，真正の千円札2枚を使ってそれぞれ表裏を剥し，間に紙をはさみ四つ折ないし八つ折の千円札のように見せかけた行為が変造であるとされたことがあります．両者の判断は，若干矛盾するようにも思われますが，ただ，偽造と変造の区別は同一条文のうちのもので法定刑に差がない以上，厳密な区別の実践的な意味は少ないでしょう．

　通貨偽造罪は，いかに精巧な偽造貨幣を作成しても，行使の目的を欠けば成立しません．**行使の目的**とは真貨として流通に置く目的のことです．ですから，捜査の教材の目的で精巧な偽札を作成する行為等は通貨偽造罪には該当しないことになります．

　偽造通貨行使罪は，偽造・変造の通貨を行使し，または行使の目的で人に交付し，もしくは輸入する行為を，通貨の偽造行為と同様に重く処罰する犯罪類型です．本罪の実行行為は，行使，行使の目的での交付と輸入です．**行使**とは，真性の通貨として直接**流通**に置くことであり，流通に置いた時点で既遂になります．代金支払いや，両替，贈与も行使です．自動販売機を利用することも流通に置くことになると考えられています．ただ，自己の信用能力を証明するため金を見せる**見せ金**は，流通に置いたことにはなりません．行使の方法は適法である必要はなく，賭金に用いる場合も行使にあたります．**交付**とは偽貨であると告げて，または偽貨であると知っている相手に手渡すことです．事情を知らない者に偽札を持たせて物を買わせる行為は，交付でなく行使です．実質的には自動販売機で使うのと同じように評価できますので，相手に渡しただけですでに行使であると考えられます．少なくとも，事情を知らない店員に渡して商品を得る場合と，大きな差のない危険性が生じているといってよいでしょう．**輸入**とは，偽造・変造の通貨を日本国内に搬入することです．

第6章 犯罪にあてはまっても許される場合

1 人を殺しても許される場合

[1] 構成要件に該当するのになぜ正当化されるか

　構成要件に該当しても，違法性や責任が認められなければ犯罪は成立しません．もちろん，殺人罪の構成要件に該当すれば，原則として違法ですし，責任もあります．しかし，正当防衛などの正当化事由や責任能力を欠き処罰されない場合などが，数は少ないですが，存在するのです．

　違法性の最も形式的な定義は「実定法規に違反すること」でしょう．このような違法性の定義の仕方を，形式的違法論といいます．「違法とは法規範・法秩序違反である」というのもそれに近いといえましょう．ただその場合，「法規範・法秩序は何故その行為を禁じるのか」という実質的問題が残らざるを得ないわけです．そこで，法規範の背後に存在する倫理・道義秩序に反するから違法なのだという説明を行うのです．

　「現在の日本の法秩序は何を禁じ何を許すのか」という違法性の問題は，①法秩序はいかなる国民の利益を守るのかと，②利益が衝突し合う場合に，法秩序はいずれを優先させるのかという2つの問題に分けて考えることができます．前者が，前章までお話しした構成要件該当性の判断なのです．本章では，構成要件には該当するが，なお許される場合があるかという②の問題を，「正当化事由（違法阻却事由）が認められるか」という形で検討したいと思います．

　例えば，殺されそうになったので，相手を刺殺した場合，どの範囲で許されるのでしょうか．全く別の問題に見えますが，「報道活動により名誉が害

された場合でも，表現の自由，国民の知る権利が存在するので許される場合があるのだろうか」という場合も，似た判断となります．そもそも，①の問題も価値観の多様化した現代社会では難しい判断を要請されているわけですが，それ以上に，法益（利益）がぶつかり合う場合に，いずれを重視するのかという判断は難しい課題なのです．戦後の日本社会では新しく登場してきた権利も含め，その対立の調整（②の問題）が，違法論の中心を占めてきたといってよいと思います．

```
①目的の正当性
②手段の相当性
③必要性
④法益の権衡
```

　日本の判例の違法阻却の考え方は，①行為が正当な目的で行われ，②その目的のための手段として相当な行為で，③その行為を行う必要性があり，④行為によって得られたものが，害された利益とバランスを欠くものでない場合に正当化されるといってよいでしょう．

　刑法は，違法阻却事由として，35条の正当行為，36条の正当防衛，37条の緊急避難を定めています．その中では，圧倒的に正当防衛が重要なのです．

> 35条　法令又は正当な業務による行為は，罰しない．
> 36条Ⅰ項　急迫不正の侵害に対して，自己又は他人の権利を防衛するため，やむを得ずにした行為は，罰しない．
> 　　　Ⅱ項　防衛の程度を超えた行為は，情状により，その刑を減軽し，又は免除することができる．
> 37条Ⅰ項　自己又は他人の生命，身体，自由又は財産に対する現在の危難を避けるため，やむを得ずにした行為は，これによって生じた害が避けようとした害の程度を超えなかった場合に限り，罰しない．ただし，その程度を超えた行為は，情状により，その刑を減軽し，又は免除することができる．
> 　　　Ⅱ項　前項の規定は，業務上特別の義務がある者には，適用しない．

正当行為 刑法35条は，**法令による行為**と**業務行為**を正当化します．法令行為とは，公務員の職務として法定された行為のことで，例えば，死刑執行官の**死刑執行行為**は殺人行為ですが違法性が否定されるのです．捜査機関の**逮捕・勾留**も監禁罪の構成要件にあたるのですが正当化されます．ただ，逮捕の際に，必要な手続の重要部分を実行しなかった場合には正当化されません．

教員などの**懲戒行為**も，法令による職務行為（学校教育法11条，少年院法8条）とされます．親権者の懲戒行為は，民法上の権利行為として認められています（民法822条）．重大な傷害結果が生じた場合に正当化する懲戒行為は，やむを得ない行為に限定されます．ここでも，裁判員の判断が必要となります．

一方，社会生活上の地位に基づいて反復・継続される行為を**業務**といいます．業務であれば何をやっても正当化されるというわけではなく，あくまで「正しく行われた」業務が正当化されるのです．それ故，35条は正当行為に関する一般規定とされることも多いのです．そして，業務行為も基本的には，優越的な利益が認められるから正当化されるといってよいでしょう．

業務行為の代表例が，医師による治療行為であるとされています．例えば，手術が外形上傷害に該当するのですが，刑法35条により正当化されるので，傷害罪で処罰されないと説明されるのです．そして，正当化の要件としては，**治療目的**（**目的の正当性**），**医学上の法則**に従うこと（**手段の相当性**），**患者の同意**が挙げられています．ただ，現実には，医療行為については故意犯としての傷害罪が問題になることはありません．医療過誤として，過失犯の成立が争われるのです．

現在，構成要件に該当するような侵害があるのになお正当化すべきか否かが問題となる事案の「主役」は，正当防衛だといってよいと思います．

[2] 日本の正当防衛の考え方

実際上適用されることが多いのは，正当防衛なのです．裁判員を悩ませる問題の1つです．ただ，ポイントは，①犯罪行為ではあるが，正当防衛として行ったといえるのか（相手の不正な侵害に対応するために行ったのか．むしろ，それをきっかけに「攻撃」したのか），②防衛だとはいえてもやり過ぎではないのか，の2点なのです．そして，国民が決めるべき問題なのです．

どこまで正当防衛として正当化するかは，結局は，国民が決めるのです．正当防衛は，いつの時代でも，どこの国でも均一だと考えている方がいるかも知れませんが，それは誤りです．その時代やその国によって微妙に違うのです．「普遍的に正しい正当防衛概念」などないのです．もちろん「急迫不正の侵害に対しての防衛のためやむを得ない行為」という正当防衛の定義は，どこの国でもほぼ共通です．しかし，例えば何が「やむを得ない行為か」は微妙に異なるのです．

> 例えばもうちょっと古いですからお忘れになってるかもしれませんが，服部君事件というのがありました．アメリカに留学した高校生がハロウィーンのときに，仮装して住宅に入ろうとして射殺された事件です．日本では，「いきなり銃で撃つなんてめちゃくちゃな」「銃器社会は悲惨である」という反応が強かったわけです．銃器を取り締まっていかなければ，日本もアメリカのようになってしまう．日本人は，服部君を射殺した犯人は，当然有罪だと思っていたのです．ところが，アメリカでは正当防衛とされていたのです．銃を突きつけて「止まれ」といったのに止まらなければ，引き金を引くしかないということなのだと思います．
>
> また，ドイツなどでは，ある時期までは，他に方法がなければパンを盗まれた人が犯人を銃で撃つことも，正当防衛とされていました．また，不正がなされたら徹底的に打ちのめすのが権利というより義務なんですね．法秩序を構成する者として．そういう発想が強い国もある．それに対して日本では，防衛のためであっても死んでしまったらほとんど過剰防衛になります．
>
> 日本の正当防衛理解と，アメリカの理解といずれが正しいのでしょうか．日本とドイツではどちらが正しいのでしょうか．そもそも，そういう問題の立て方自体がナンセンスなんですね．その国その時代にとっての正しい正当防衛概念しかあり得ないんです．つまり，正当防衛論は，「正しい正当防衛概念」を探求するというより，「妥当な結論」に合うようにその国その時代の正当防衛概念を修正していく作業を含むわけです．もちろん，一旦形成された概念は，それなりの拘束力を持ちますが，やはり変化するわけです．

[3] 急迫不正の侵害に対する防衛行為

　正当防衛とは，急迫不正の侵害に対して行うやむことを得ない行為と定義されます．

　急迫とは，法益の侵害が現に存在しているか，または間近に押し迫っていることです．通常，急迫の侵害とは予期せぬ不意の攻撃を意味しますが，攻撃をあらかじめ予期しておりその通りの侵害が発生したため防衛行為を行った場合も正当防衛となりうるのです．例えば，強盗がよく出没するというので護身用に木刀を準備していたとしても，現に強盗に襲われれば急迫だといわざるを得ないでしょう．

　ただ，最高裁は，「その機会を利用し積極的に相手に対して加害行為をする意思（積極加害意思）で侵害に臨んだとき」は急迫ではないとしています．いかなる意思で臨もうと客観的に侵害が押し迫っていれば急迫と考えることもできると思いますが，重要なのは，「積極的に攻撃した」と評価できる場合には，正当防衛にはならないということです．防衛のための行為とはいえないという言い方でも良いと思いますが，「形式的には相手の侵害が先にある以上，正当防衛にならざるを得ない」という考えは，誤りだということです．挑発行為等，防衛であることを疑わせる事情が存在した場合も，形式上は正当防衛の要件を満たすように見えて，全体として「防衛行為ではない」と評価される場合があります．

　判例は「喧嘩」の場合，喧嘩両成敗の原則を採用し，両当事者に正当防衛を認めない場合が多いのですが，それは，相互に挑発行為が存在し，そのうちの一方のみに対して防衛を認めるのは不合理である場合が多いからなのです．

　急迫で不正の侵害に対して**防衛するための**行為でなければなりません．「侵害と無関係に殺したら，たまたま防衛になってしまった」というような場合は，判例は正当防衛とは考えません．

[4] やむことを得ない行為

　次に，防衛行為は，やむを得ずにしたものでなければなりません．ドイツなどでは，権利を守るのに不要な行為以外は「やむことを得ない」という考

え方が強いのですが、日本では、一般に、反撃行為が権利を防衛する手段として**必要最小限度**の行為でなければならない趣旨であると考えられてきました。できるだけ加害・危険の少ない手段が選択されなければならないとする考えが有力なのです。

そして、「やむを得ずにした」といえるためには、守ろうとした利益が、侵害結果に比べて著しく不均衡ではないということが必要です。パンを守るために、盗犯を殺害することは許されないのです。そして、用いられた防衛手段の危険性が侵害（攻撃）に対し相当なものでなければならないのです。同じく重傷を負わせた場合でも、細い棒で叩いたら相手が避けた際に、頭を壁にぶつけたために傷が生じた場合と、斧で同じ程度の傷を負わせた場合とでは、差があるのです。侵害行為時に、より軽微な手段を選択し得た場合には、違法評価が変わりうるでしょう。そこで、より軽度の危険性を伴う行為の選択の可能性が問題となるのです。このような事情を総合する概念として、判例は**相当性**を使います。この判断においても、裁判員の皆さんが主役になるのです。

急迫不正の侵害に対し、防衛のために行った行為が、相当とはいえない場合を**過剰防衛**というのです。刑を減軽し、または免除することができるということになっています。素手や棒などの攻撃に対し凶器を用いて防衛する場合のように、必要以上に強い反撃を加えて防衛の程度を質的に超えた場合（**質的過剰**）と、当初は防衛の程度の範囲内にある反撃であったが、反撃を続けるうち、相手方の侵害の程度が弱まり、又はやんだのに、なおそれまでと同様またはさらに強い反撃を続けた場合、すなわち反撃が量的に相当性を超えた場合（**量的過剰**）の2つの類型が存在します。急迫不正の侵害や防衛のためなどの要件を欠いている場合には、過剰防衛となる余地はありません。

個人の手でどこまで正義を実現すべきなのか、逆にいえば、警察などの刑事司法機関をどの程度重視すべきなのか、考え方の差が大きいと思います。日本人は、伝統的に刑事司法を信頼し、自力での問題解決はできる限り控えるべきだという意識が強いように思うのです。もちろん、今後変化していくことも考えられますが。

緊急避難 刑法37条は、現在の危難を避けるため、やむを得ずにした行

為を処罰しないと定めていますが，認められることは滅多にありません．正当防衛との最大の違いは，急迫「不正」の侵害ではなく，現在の危難に対する行為である点です．相手が悪くない場合なのです．ですから，緊急避難では，守る利益と侵害される利益が均衡を保っていなければなりませんし，それ以外にやりようがなかった場合に限られるのです．

具体的に考えてみましょう

日本の裁判所は，正当防衛を認めることに慎重だと説明しました．しかし，正当防衛を認めたものもあります．その中でも，広く認めたとされる例を素材に考えてみましょう．被告人は女性ダンサーで，1月の午後11時ごろ，国鉄（当時）西船橋駅ホーム上において酔客（被害者：47歳）に絡まれ，口論の末憤激し，被告人から離れてホーム端に向け歩き始めた被害者に対し，その右肩付近を両手で強く突く暴行を加え，同人を同ホーム下の電車軌道敷内に転落させて，折から同駅に進入して来た総武線上り電車の車体右側と同ホームとの間にはさんで圧迫し，よって即時同所において，同人をして胸腹部圧迫による大動脈離断により死亡させたという公訴事実で起訴されました．罪名は傷害致死です．千葉地判昭和62年9月17日（判タ645・109）は，正当防衛を認めて無罪としました．裁判所が認定した事実には以下のようなことが含まれています．①被告人は階段からホームに降りて以降30数メートルの間を被害者に執拗に絡まれ，小突かれ足蹴にされそうになったり，また馬鹿女などと言われたこと，②被告人は，被害者を突く直前，被害者に手で胸から首筋のあたりをつかまれる状態になったこと，③被告人は，右のような状態に至って，被害者を自らの手で我が身から離そうとし，右手に左手を添える形で，同人の右肩付近に手のひらを拡げて突き出して，同人を突いたこと，④被告人が被害者を突いた地点とホームの線路際との間には3メートル前後の隔たりがあったこと，⑤被告人が被害者を突いた際，両者は対峙するかたちで向き合っていたことなどです．

そして，千葉地裁は，被告人が右の所為に出たことは，自制心を欠いたかの如き酒酔いの者にいわれもなくふらふらと近寄られ，更には手をかけられるときに生じる気味の悪さ，嫌らしさ，どのようなことをされるかも知れないという不安ないしは恐怖にも通じる気持が日常生活上において経験し理解され得るところであることをもあわせ考えると，差し迫った危害

> に対するやむを得ない行為であったといわなければならず，またその態様も，女性にとって相応の形態で，かつ通常とられる手立てとして首肯し得るものであり，しかも被告人自身から被害者を離すに必要にして相応な程度を越えていたとは到底いえないとしたのです．さらに，被告人として他にとり得る方法があったとはいえないこと，結果の重大性を捉え被告人の行為に相当性がないとすることはできないことも挙げています．
>
> しかし，電車の走り込むホームで突く行為は，その危険性を明確に認識して実行した場合には殺人罪を構成する余地もあるように思われます．そして，結果として命が奪われており，過剰防衛とする考え方もあり得ると思います．セクハラに関する国民の意識，酒酔い行為に対する評価を勘案して，よく考えてみてください．

2 例外的に非難ができない場合

[1] 期待可能性

客観的に違法な行為であり，故意・過失が認められても，すなわち，客観的・主観的構成要件にあたり違法阻却事由が存在しなくても，なお行為者が主観的に非難し得ない場合には，処罰できません（**責任主義**→ 35 頁）．国民から見て非難可能でなければならないのです．現在は，「正しい行為を行うことが可能であったのに，犯罪行為を行ったこと」に非難の根拠があると考えられています．別の言い方をしますと「行為時に存在する具体的事情の下で行為者が違法行為ではなく，他の適法行為を行い得るであろうと期待し得る可能性（他行為可能性）」がなければならないとされているのです．このような可能性を**期待可能性**と呼びます．

ただ，故意・過失が認められれば，通常は非難可能であり，期待可能性が欠ける場合は，非常に少ないといってよいでしょう．宗教団体の教祖らの指示により，対応いかんによっては殺害される危険性のある状況下にあった信者 X が，抵抗できない状態にある元信者 A に対し，ロープで A の頸部を締めつけ窒息死させた事案（オウム真理教元信者リンチ殺害事件）において東京地方裁判所は，「たとえ A 殺害が X の身体の拘束を解く条件であったとしても，X としては，これを拒否するなどして A 殺害を回避しようとする

こと，あるいは Y に対して A の助命を嘆願し，翻意を促すなど，その場で A を殺害しないで済むような努力をすることができた」としています．期待可能性論による責任阻却は，法規範が弛緩してしまう危険があり，その適用は慎重でなければならないと考えられているのです．

期待可能性に関して最も議論が多かったのは，その判断の基準・標準の問題でした．伝統的な道義的責任論の立場は，行為の際における具体的事情の下で，当該行為者が他の適法行為を為し得る可能性が必要だとします（**行為者標準説**）．しかし，行為者のすべてを理解することはすべてを許すことになり，法秩序が弛緩するといわざるを得ません．やはり，一般人が行為の際に行為者の地位にあったとして，他の適法行為を為し得る可能性の有無を論じるべきだとする**一般人（平均人）標準説**が妥当なように思われます．「一般人」という概念は余りにも不明確であると批判されるのですが，これまで見てきたように，国民の常識を探求する作業は，法的判断においては不可避なのです．

[2] 責任能力

> 39 条 Ⅰ項　心神喪失者の行為は，罰しない．
> 　　　 Ⅱ項　心神耗弱者の行為は，その刑を減軽する．
> 41 条　14 歳に満たない者の行為は，罰しない．

責任能力が欠ける人の行為は非難できません．刑法 39 条は，責任能力を欠く者として**心神喪失者**，責任能力の著しく減退した者を**心神耗弱者**と定め，前者については無罪とし，後者については刑を減軽します．心神喪失・心神耗弱ともに医学上・心理学上の知見を基礎に判断されるのですが，あくまで法的概念であり，最終的には裁判官・裁判員が最終決定を行うのです．

現在，責任無能力とは，**精神の障害**により物事の是非，善悪が弁別できないか，それに従って行動する能力がないこととされています．精神の障害とは，精神医学上の病気と考えられてきました．ですから，いかに異常に見えても，医学的に病気が原因になければ責任能力が欠けることはないとされてきたのです．ですから，責任能力の判断は，医師が「行為時に病気であったか否か」を中心に判断してきたのです．

ただ，理論的には，責任能力は，医師ではなく法律家が決めるとされてきました．病気が影響して，やっていることが良いか悪いかわからず，かつ悪いと思っても思いとどまれない場合に初めて責任能力が否定されます．火をつけるのは悪いことだと十分わかっているのに体が勝手に動いてしまって止められないような場合は，教科書的には，行動制御能力がないので責任無能力だということになります．この責任能力については，医学中心の生物学的方法，是非善悪の判断と行動制御能力を中心とする心理学的方法，両者を併せた混合的方法などいろいろな説があります．戦後の責任能力論の主役は，生物学的方法，つまり，医者から見て「病気であるか否か」を重視する考え方でした．理論的には混合的方法が正しいと考えながら，日本の裁判の実際は，生物学的方法がかなり行われていました．

是非・善悪弁別能力	＋	行動制御能力

　犯罪の要件として必須の「責任」の本質論と，責任能力の定義は，当然つながっています．責任の本質は，**非難可能性**だとされています．「あいつを非難できる」と一般人から見て言えなければなりません．そして，「犯罪行為でない正しい他の行為ができたのに，それをしなかったというときに非難できる」と，一般に考えるのです．普通の人であれば，その場で正しい他の行為ができないのなら，犯人を非難できないとするのです．ですから是非・善悪がわかってそれに従ってきちっとした正しい行為を行える能力は，本質的な要請であるといえます．

　責任の本質から導かれる「責任能力概念」は，洋の東西を問わず普遍的に妥当すると説明をする人もいるわけですね．ところが，そうではないのです．アメリカでは，レーガン大統領暗殺未遂事件をきっかけに，日本の責任能力理解と異なった議論が出てくるのです．
　1981年にレーガン大統領が狙撃されました．犯人がヒンクリーという名前だったので，「ヒンクリー事件」と呼ばれますが，犯人は無罪になりました．なぜなら，行動制御能力がないからでした．是非・善悪はわかるけれども，それに従って行動する能力がないから無罪だということだった

> のです.
>
> 　それに対して，アメリカでは非常に大きなリアクションがあって，ほとんどの州で刑法改正の動きが起こりました．いちばん極端なのは，「責任能力を全部やめてしまえ」というものです．そして，当時，アメリカではすでに医師の責任能力判断に対して，いろいろな不信感が存在しました．どういう医師に鑑定を頼むかで，無罪になるか有罪になるか決まってしまう．これは極論にしろ，それに類する事実が全くないわけではないと思われていました．
>
> 　それらが，総合して吹き出したのだと思うのですが，多くの州で，責任能力規定が改正されます．主たる州は，制御能力の要件を外して，是非・善悪さえわかればよい，という修正でした．極端な州は，責任能力を一切やめてしまって，日本の故意・過失に相当するものがあれば処罰してもいいとしたのです．すなわち，故意，過失があれば，責任能力をチェックすることなく処罰していいということです．しかし，多くの州は，制御能力の要件を外すという改正をしました．
>
> 　ただ日本では，制御能力というのは，他行為可能性の言い換えに近いのですから，これを欠く処罰というのは，責任主義に反するのだという議論になるわけです．それに対してアメリカでは，「行動制御能力がなくても処罰できる」ということになったのです．

　もちろん，応報を徹底して考えると，つまり他行為可能性をきちんと考えれば，制御能力を欠くような者を処罰するということは，許されないのです．処罰することは，責任非難の問題というより，処罰することによって社会への脅威を防止して，国民の生活利益を保護する政策的発想であるということになります．処罰しなければ耐えられないのだという国民の意識の表明なのですが，それは責任主義とは相容れないとも考えられます．責任非難ができるかというのは，質の違う問題なのだという批判を，日本の学者などはしているわけです．

　行動制御能力のない放火癖のある人を処罰しないなどというのは「道徳的直観」に反するという意見もあり得ます．一方，日本の道義的責任論では非難できないと考えるのです．それでは，どちらの道徳的直観と言いますか，道義みたいなものでもいいのですが，正しいのですか．身体が勝手に動いて放火する者を処罰するのが誤っているのでしょうか．責任主義からいったら

他行為可能性がなければいけないし，制御能力というのは絶対に必須なのだから，アメリカの多くの州は間違えていると言い切れるのでしょうか．

　しかし，そこでいう「責任主義」を，そこまで必要ないと考えるアメリカ人に押しつける理由はどこにあるのでしょうか．日本では，それを処罰する必要はないと考えるものについて「責任主義に反する」と説明するのです．万国共通で永遠不変の責任主義などないのです．歴史を辿ってみれば，制御可能性を要求するようになったのはさほど古いことではなかったのです．それから，責任非難できない者に適用する保安処分のあるドイツと，そのような制度のない日本の議論はおそらく違うでしょう．そのあたりが，非常に大きな問題と言いますか，まさに責任能力概念をどう考えるかのポイントだと思うのです．

　責任能力にしても，その時代状況，具体的な問題により変化しうるものなのです．もちろん，大きな事件があると，必ず行き過ぎた方向に針が振れます．そのことは注意しなければなりません．冷静にブレーキを踏まなければいけないのです．しかし，社会の状況が刑法「理論」の基礎にある国民の規範意識を動かすということまでは否定できないのです．少なくとも，裁判員が従わなければならない万国共通の責任能力概念なんてないのです．

　最近の日本でも，責任能力の概念は微妙に変化してきました．昭和50年代に異常に増加した覚せい剤中毒患者の責任能力判定問題がかなり影響したのです．精神医学の通説では，統合失調症の場合は原則として心神喪失とされ，一方で覚せい剤中毒患者は統合失調症と類似したものとして扱われ，その結果医師は，覚せい剤中毒の被告人については心神喪失との意見を添えることが多かったのです．しかし，覚せい剤を施用して犯罪行為を行った被告人の責任評価については厳しい態度で臨む裁判所が多く，精神科医の意見が採用されないことが目立つようになりました．そのような中で，最高裁は「心神喪失又は心神耗弱に該当するかどうかは法律判断であって，もっぱら裁判所に委ねられるべき問題であることはもとより，その前提となる生物学的，心理学的要素についても，右法律判断との関係で究極的には裁判所の評価に委ねられるべき」であるとしたのです（最決昭58・9・13判時1100・156）．そして，このような判断方法が統合失調症の事案にも導入されていくのです（最決昭59・7・3刑集38・8・2783）．ただ，裁判員制度の導入を前に，最決平成20年4月25日（刑集61・5・

563）は，「責任能力判断の前提となる精神障害の有無及び程度等について，専門家たる精神医学者の鑑定意見等が証拠となっている場合には，これを採用し得ない合理的な事情が認められるのでない限り，裁判所は，その意見を十分に尊重して認定すべきである」としています．病気であるか否かは医師に任せましょうということです．ただ，責任能力があるのかどうかは，裁判官・裁判員の判断に変わりはありません．病気が犯罪行為とどう結びついたかも，「被告人が非難できるか」という観点に関わる限り，裁判員が考えなければならないのです．

措置入院　心神喪失であると認定されると無罪が言い渡されますが，精神保健福祉法29条の措置入院として，事実上強制的な自由の拘束が課されることが多いことに注意しなければなりません．なお，心神喪失者は検察段階の精神鑑定（起訴前鑑定）により不起訴とされる場合も多いのです．

　そして，2003年7月に，心神喪失等の状態で重大な他害行為を行った者の医療及び観察等に関する法律（医療観察法）が成立し，「対象行為を行った際の精神障害を改善し，これに伴って同様の行為を行うことなく，社会に復帰することを促進するため，入院させてこの法律による医療を受けさせる必要」がある時には強制入院が認められています．

第7章 一緒に犯罪に加わった者はどうしますか

1 日本の「共犯」の特色とは

> 60条　2人以上共同して犯罪を実行した者は、すべて正犯とする．
> 61条　Ⅰ項　人を教唆して犯罪を実行させた者には、正犯の刑を科する．
> 　　　Ⅱ項　教唆者を教唆した者についても、前項と同様とする．
> 62条　Ⅰ項　正犯を幇助した者は、従犯とする．
> 　　　Ⅱ項　従犯を教唆した者には、従犯の刑を科する．
> 63条　従犯の刑は、正犯の刑を減軽する．

[1] ほとんどが共同正犯

　これまでの説明は、主体として1人の行為者を暗黙の前提にしてきました．しかし、現実の犯罪は、複数の者が関与する場合も多いわけです．また、他者の犯罪に参加した行為者をどう扱うのかも、問題となります．このような問題を扱うのが**共犯論**です．

　刑法典は60条で、2人以上が共同して犯罪を実行する**共同正犯**を定め、61条で人を教唆して犯罪を実行させる教唆犯を規定しているわけです．**教唆**とは人をそそのかして犯罪を実行させる行為で、正犯に準じて、そそのかした犯罪の法定刑の範囲内で処罰されます．そして62条は、正犯を幇助する従犯（＝幇助犯）について定めているのです．**幇助**とは、正犯の実行を容易にする行為で、正犯より刑が減軽されます（63条）．幇助した犯罪の法定刑に法律上の減軽を施した範囲で処断されます．

　共同正犯は「正犯」という側面もあり、後二者のみを狭義の共犯として、

共犯の割合

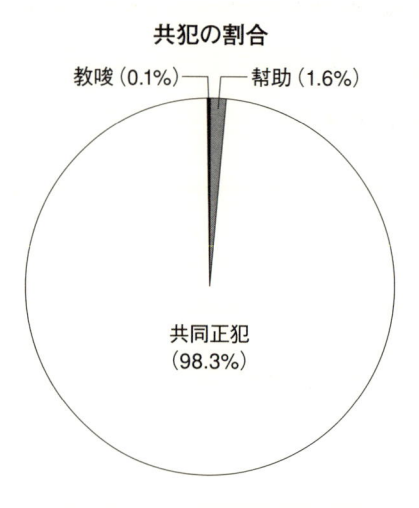

- 教唆（0.1%）
- 幇助（1.6%）
- 共同正犯（98.3%）

区別して扱うこともあるのですが，狭義の共犯は実際には非常に少なく，共犯関係が存在した刑法犯有罪人員の約 2% に過ぎません．特に教唆犯は 0.1% で，61 条は実際にはほとんど機能していないといってもよいのです（1998（平成 10）年）．わが国では共同正犯が圧倒的に重要であり，共犯論も共同正犯を中心としたものに転換していかなければならないといえるでしょう．2 人以上の者が，意思の連絡なしに同一の客体に対し同一の犯罪を同時に実行することを同時犯というのですが，同時犯においては，各自は自己の行為についてのみ責任を負えばよいのです．これに対し，共同正犯，すなわち相互に意思を通じて共同して犯罪を実行した場合は，関与者は全員の惹起した責任について帰責されることが何より重要です（**一部行為全部責任の原則**）．共同正犯においては，意思の連絡が最も重要な要件なのです．

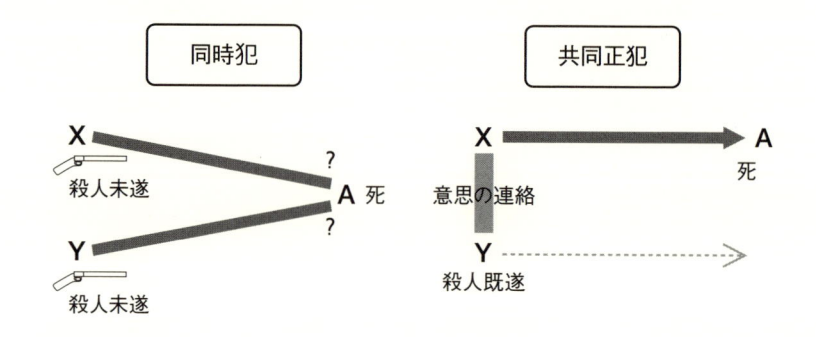

同時犯
- X（殺人未遂）→？ A 死
- Y（殺人未遂）→？

共同正犯
- X → A 死
- 意思の連絡
- Y（殺人既遂）

共犯論というのは，最も実質化が遅れた，形式的犯罪論の影響の強い世界だと思います．共犯の領域は問題が複雑であり，理論による明快な整理が必要であるという意識も強かったと思います．正しい正犯・共犯概念は，ドイツと日本で，共通であるという考え方も有力でした．

　日本では，教唆として処罰されるというのは実は稀なことなのですが，ドイツの影響もあって，その教唆を原形にして共犯論というものが成り立ってきました．判例を素材とした議論が少なかったのです．現実に対応しなければならない「日本の共犯現象」と「共犯理論」が最も乖離してしまったのが，共犯処罰根拠論でした．「教唆はなぜ処罰されるのか」という議論です．責任共犯論，因果的共犯論等の概念は一時かなり流行りましたが，判例ではほとんど問題にされず，下火になっていったのです．かつて共犯の「本質論」として**共犯従属性説**と**独立性説**が激しく対立しました．前者は，正犯者が実行行為を開始しない限り共犯者を処罰しない考え方です．後者は，そそのかした以上，正犯者が何をしなくても，未遂にはなると主張します．これも，主として教唆を念頭に置いていたのです．旧派の客観主義犯罪論は従属性説，新派の主観主義犯罪論は独立性説に結びつくとされました．新派対旧派の理論の対立の主戦場が「従属性説を採るか独立性説を採るか」であったのです．そして，従属性説が圧倒的に優勢です．

　しかし，実は，未遂に関する客観説と主観説の対立の帰結が重要なのです．客観説が，基本的に勝利をおさめたという形になっています．それは，結果が発生していない場合に，一定程度の危険性が発生しなければ，未遂として処罰しないという判断が有力になったからなのです．「共犯を処罰するには正犯が実行しなければいけない」ということは，正犯が結果発生の実質的危険を生ぜしめなければ処罰してはいけないんだということなのです．「人を殺して来い」と言っただけで，殺し屋が被害者のそばまでいかなくても，殺人未遂（教唆）とするのでは処罰が早すぎるという判断が圧倒的多数なのです．共犯固有の観点というより，未遂の処罰範囲の問題なのです．

[2] **共犯と間接正犯**

　現実の共犯論の領域で，近時最も問題とされることの多かったものの1つが，「親が10歳の子に命じて財物を盗んでこさせたらどうなるのか」という

問題なのです（例えば、最高裁の昭和58年9月21日刑集37・7・1070）．従来は、まず教唆の成否を論じました．教唆とは「犯罪をそそのかした」ということですので、10歳の子では刑事未成年だから犯罪は完成していないことが問題となります．構成要件に該当して違法ではあるが責任が欠けているから完成していないのです．この場合、教唆になるのでしょうか．どの程度まで正犯の犯罪行為が完成していれば共犯が処罰されるのかということを、「要素従属性」、「従属性の程度」と呼んで非常に詳しく議論してきました．

　共犯者が正犯者に行なわせる「犯罪」について、構成要件に該当しさえすればよいとする最小限従属性説、違法性までは要るとする制限従属性説、責任まで要るとする極端従属性説、処罰条件まで要るという誇張従属性説の4つの説があるわけですね．かつては、極端従属性説が有力だったのですが、それは、ある意味で自然だったのです．「犯罪とは何ですか」と聞かれれば、「構成要件に該当して違法で有責な行為」と答えるのが普通だからです．しかし、かなり前から制限従属性説が有力になってきていたのです．「違法は正犯と共犯で共通するが、責任は個別に判断される」という抽象的な一般論で共犯論を説明するのです．もちろん、違法性が客観的なもので、関与者に共通のものだということはよいのですが、こういう理論枠組みを立てて、それで共犯論すべてを説明し尽くそうとすると、やはりおかしなことになってくるのです．

```
(a) 誇張従属性説：犯罪 = 構成要件 + 違法性 + 責任 + 処罰条件
(b) 極端従属性説：犯罪 = 構成要件 + 違法性 + 責任
(c) 制限従属性説：犯罪 = 構成要件 + 違法性
(d) 最小限従属性説：犯罪 = 構成要件
```

　ここで、最高裁判決の昭和58年9月21日を見てみましょう．10歳の娘に父親が盗ませた事案です．10歳の子どもに窃盗をそそのかす行為は教唆と言わざるを得ないと思うのです．自転車を中学生に「盗んで来い」と言ったら、間接正犯ではなく、教唆（共同正犯）です．そうすると、10歳の刑事未成年者をそそのかしても教唆となるとすれば、極端従属性説は理論的に間違っているということになります．同説では、正犯者に責任まで認められなければ、教唆にできないのです．ただしかし、常に、子どもをそそのかせ

ば教唆になるかというと，そうではありません．小さな子どもであれば，むしろ，幼児を利用した間接正犯ですよね．そうなると，今度は制限従属性説は間違いなのかということになります．幼児でも，責任が欠けるだけなのだから教唆になるようにも見えるのです．さらに子どもに対する働きかけの態様によっても結論は当然動きます．

　58 年 9 月 21 日の最高裁判例は，間接正犯だとしたのです．ということは極端従属性説を採用したのでしょうか．しかし，この事案で重視されたのは，父親が親として命令したというだけではなくて，言うこと聞かないとタバコの火を押しつけるとか，ドライバーで突き刺すとか，反抗できないような状況に追い込んで盗ませたという事実なのです．そこが重視されているのです．

　そもそも間接正犯と評価するか否かの判断に際して，教唆にならないから間接正犯だという「引き算」はおかしいのです．まず正犯性が検討されるべきです．そして形式的な要素従属性論で，さまざまな間接正犯をうまく説明するのは困難なのです．もっと実質的な観点が必要なのです．

　そのような中で，**最決平成 13 年 10 月 25 日**（刑集 55・6・519）が登場します．事案は，12 歳 10 ヵ月の息子に対し，エアーガンを突き付けて脅迫するなどの方法により金品を奪い取ってくるよう指示命令し実行させた母親について，意思を抑圧するに足る程度の命令ではなく，息子自身の意思で強盗を決意したのであって間接正犯は成立しないとした上で，教唆犯でもないとしたのです．犯行方法を教示し犯行道具を与えるなどし，得た金品をすべて自ら領得したことなどからすると教唆犯ではなく共同正犯が成立するものとしたのです．たしかに，1 審，2 審も共同正犯としました．最高裁も含め，裁判官達は皆，共同正犯だと考えたわけです．しかし，学説の流れからいえば，教唆なのか間接正犯なのかが問題となる事例だったのだと思います．しかし，強盗罪の場合，間接正犯を基礎づけるだけの強い支配性を認めるにはよほどの事情が必要です．強盗罪は，窃盗罪より間接正犯を認めにくいのです．しかし，教唆ではないのです．母親が実質的に利得していますし，「共同正犯」という構成は，日本の刑法理論としては妥当なものなのだったのです．

　そして，この最決平成 13 年 10 月 25 日は，別の意味でも非常に重要な意味を持っています．母親は，現場に全く行っていないのに「共同正犯」とされたのです．このような，「計画段階で中心にいても実行段階で全く関与し

なかった場合」にまで共同正犯を認めるために，わが国では共謀共同正犯という概念が用いられるのです．

2　共謀とは

[1] 共謀共同正犯

　もともと，わが国の学説においては，共謀共同正犯否定説が圧倒的でした．実行行為をいっさい分担しない者についても共同正犯を認めるという考え方は，理論的に成り立たないと考えてきたのです．共謀しかしていない参加者は，教唆とすべきだと考えてきたのです．なぜかといえば，「正犯とは，実行行為を行う者である」という定義が定着していたからです．その前提として，犯罪理論の「軸」として，実行行為を重視する考え方が有力だったのです．各構成要件を特徴づけるもっとも主要な要素が実行行為であり，未遂は実行の着手，すなわち実行行為の開始を以て処罰するのです．そして，正犯と共犯は，実行行為を行うか否かで区別されるのだとするのです．共同「正犯」も「正犯」である以上，実行行為の少なくとも一部は行わなければならないと考えられてきました．全部ではなくても，一部でも共同実行にあたる行為をしない限り，共同正犯たりえない．共謀しただけで「正犯」というのはナンセンスだと言ってきたのです．ところが，判例は古くから共謀共同正犯を認めてきたのです．実務と学説の最も激しい対立点であったといってもよいでしょう．

　ところが，共謀共同正犯をめぐる議論は，ほぼ，判例の考え方を学説が受け入れるという形で決着がついたように思うのです．学界を代表して，「実行行為をしない共謀者は共同『正犯』ではありえない」と主張してこられた中心は，団藤重光博士といってよいと思うのです．もちろん，そのほか多くの論者を挙げなければならないのでしょうが……．その団藤博士が，1982（昭和57）年に共謀共同正犯を認められた．最高裁に入られたことが大きかったのかも知れませんが，とにかく，説を変えられたのです．そして，その後は，学説の世界でも，共謀共同正犯を一切認めないというのは非常に少数になってしまったのです．

```
未遂＝「実行」の着手
正犯＝「実行」行為を行う者
∴未遂＝正犯者の行為が基準
```

```
正犯＝実行行為を行う者
共同正犯＝実行行為の一部を行わなければならない
∴共謀共同正犯＝成り立ち得ない
```

　条文の共犯規定や，学説の共同正犯の定義からいえば，共謀共同正犯は教唆で処理することも可能です．しかし，なぜ共謀共同正犯が定着することになったのか．非常に簡略化していえば，明治時代に日本の輸入した西欧型の共犯概念では，正犯というのは直接手を下した人，そそのかした者は，たとえ中心人物でも共犯なのですよね．ところが，日本の伝統的な発想では，背後でそそのかして，ただし中心になって計画を進めた人が一番重いのであって，これを「正犯」として把握しようとする．そういう日本に，ヨーロッパ型の「手を下す者が正犯で，それ以外が共犯だ」という発想が，ある意味で，強引に持ってこられたわけです．そして，学者はヨーロッパ型をそのまま展開しようとした．ところが，実務は，やっぱり伝統的な「正犯」の理解を無視できなかったわけです．首謀者が「教唆」だというのは耐えられなかったのだと思います．理論としては，教唆でも，共同正犯でも，刑の重さは同じにできるのですから，どちらでもよい．けれども，正犯とは何かと考えるときに，「自分の犯罪として行った者」「犯罪の中心」という視点は軽視できないのだと思います．殺害を計画し部下に指示した組織の中心人物が「教唆犯」というのではとても納得できない……．それがあるから，共謀共同正犯というのは定着したのだと思うのです．

[2] 犯罪理論体系の意味と役割

　例えば，ドイツと日本で，刑法解釈の差がある場合，どちらが正しいかではなくて，日本的なものとドイツ的なものをそれぞれ認めるべきなのではないでしょうか．共謀共同正犯に関しても，ドイツでは，直接手を下した人が正犯，それ以外が共犯という意識が強いのです．それでドイツはうまくおさ

まっているし，それがドイツでは正しいのだと思うのです．しかし，日本では江戸時代から，そしてもちろんその基礎には中国があると思うのですが，重い刑責を認めるべき中心人物というのは現場で直接手を下さなくてもよいのです．正犯という言葉をヨーロッパ流のものに置き換えようとして，学説は永い間実務の共謀共同正犯を批判してきました．しかし，実務を動かすことはできなかったのです．そこで，日本流の共謀共同正犯が定着したのです．

　そして，理論から処罰範囲が一方的に演繹される時代は終わったのです．先ほど見たように，「犯罪」をそそのかしたといえなければならない以上，正犯者が犯罪の実行を開始したこと，すなわち，着手に至ることが必須だという説明も，絶対的なものではないのです．共犯の成立には正犯者が実行に着手したことが必要だとすると，予備は実行着手前の問題ですから，予備についての共犯処罰は論理的にあり得ないことになるわけですが，予備に対する共犯も認める学説が有力になりました．間接正犯の着手時期についても，間接正犯は正犯ですから，実行行為は間接「正犯者」が行わなければならないという見解が有力でした．幼児に盗んでこいと命じた「正犯」の行為の中に着手時期を探すことになります．しかし，被教唆者が実行行為の一部を開始したところまで待たねば処罰されないのに，間接正犯の場合には，それより早い時点，つまり，教唆に相当する利用行為開始時点で常に処罰することには批判が強くなっていくのです．そして，利用者を処罰する実質的事情が必要なのだということになったのです．

　結論が大事だといっても，場当たり的な感情論で有罪無罪を決める訳にはいかないわけです．安定的解決をもたらす体系論は，特に刑法の場合には必要です．結論を説得的なものとするためにも理論は必要です．しかし，「まず正しい犯罪理論を探求し，それを演繹していけばすべての問題は解決される」と考えてはいけないのです．

> たしかに「有罪にした方がいいか無罪にした方がいいか分からない場合に，その答を教えてくれるのが犯罪理論ではないのか」と考えている方は多いと思います．方程式が解けない場合は，仕方がないので「根の公式」にあてはめて答えを出すと考えがちです．しかし，数学と違うのは，犯罪理論は主張者によって異なるし，理論といっても価値観が混入していて立場性のあるものだということです．もちろん「論理的に矛盾を含んでいて

は駄目だ」ということはいえるでしょうが，結局は「いかに妥当な結論を導いているか」によりチェックするしかないと思うのです．条文と矛盾してはいけません．それは当然ですが，それ以上に重要なのは，国民の法的常識にかなった結論を導き得るかが問題なのです．裁判員裁判は，そのことをより明確に意識させることになると思います．

　ここでも当然，まさに「国民の法的常識にかなった結論」がわからないので，それを導く理論が欲しいのだという反論が返ってくると思います．しかし，そんな理論などあり得ないのです．たしかに，それを導きやすくする手助けとしての「犯罪理論」というものはあります．理論は通常，過去の先例や議論を踏まえて組み立てられているので，それをあてはめればさほどおかしなことにはならないでしょう．しかし，ぎりぎり最後のところは解釈者の「法的英知」に頼らざるを得ないことになるのです．時代は動いていくのです．「国民の法的常識に適った結論」を導ける力を得ることこそが，法律学の究極の目標なのだと思います．そして，それは先ほど述べた，判例や現に存在する犯罪理論などを学びながら，日本の法律実務を土台とした自分の規範的評価が次第に沈澱していき，それを自分流につなぎあわせて，新しい問題にも対処し得る法則とか理論のようなものが固まっていくのだと思います．

第8章 犯罪の成否は，具体的にどうやって判断するのですか

1 裁判の流れの概観

[1] 裁判の開始

　裁判は，検察官が裁判所に対し，被告人を処罰するための裁判を求めることによって始まります．この段階から被疑者は**被告人**となるのです．検察官が起訴しなければ，裁判が開始されることはあり得ないのです．犯罪を犯したことを裁判官や裁判員が知ったとしても，検察官が起訴しなければ，裁判は始まらないのです．

> **保釈**　起訴され被告人となった後についても「勾留（→ 11 頁）」は認められています．ただ，検察段階と異なり，その期間は 2ヵ月で，しかも 1 箇月ごとの更新が，事実上何度も許されています．このように長期の身柄の拘束であるため，被疑者にはない**保釈**という制度が認められているのです．保証金の納付を条件に形式的には勾留を継続しながら事実上釈放することです．

　起訴は，裁判所に起訴状を提出して行います．起訴状には，犯罪事実のあらまし以外の犯罪に関する記録などは記載されません（**起訴状一本主義**）．裁判所がはじめから予断を抱くことを排除し，公平な裁判を実現するためです．戦前の裁判官は，検察の捜査の記録をそのまま引き継いで裁判に臨みました．現行刑事訴訟法では，裁判官は被告人と検察官の「訴訟」を裁く行司役なのであって，一方の記録を初めから読んでおくことは不公正となるとしたのです．

起訴状には，被告人を特定し得る事項と，公訴事実，罪名が記載されていなければなりません．

　起訴されると，裁判所は遅滞なく起訴状の謄本を被告人に送達しなければなりません．そして，弁護人の選任権が伝えられます．法定刑の重い犯罪には，弁護士がいなければ開廷し得ないものがあります（**必要的弁護事件**）．

　そして，裁判を開く前に，①事件に争いがあるか，②争いがある場合の争点は何か，③証拠として何を調べるかなどを整理するため，**公判前整理手続**を行います．この制度は，裁判員制度と不可分に結びついたものとして導入されました．公判前整理手続では，まず，検察官が，どのような事実を証明しようと考えているか（証明予定事実）を明らかにした上，捜査で集めた証拠を裁判で調べるよう請求し，その証拠を弁護人に開示します．そのほか，検察官が裁判に出すつもりのない証拠のうち，証拠物や鑑定書，証人や被告人の供述調書なども，この段階で，弁護人は，開示を求めることができます．

　弁護人は，被告人から事情を聴くとともに，検察官の証明予定事実や検察官から開示された証拠を検討して，裁判で，被告人側からどのような主張をするかを決めて，裁判で予定する主張の内容を明らかにします．弁護人が公判に提出したい証拠があれば，その証拠の取り調べを請求します．被告人側が主張することを予定していることに関係する証拠を検察官が持っている場合，その開示を求めることができます（**証拠開示**）．このような整理をふまえ，裁判所は審理の計画を立てます．これにより裁判の時間的な短縮が実現しました．

> 　検察官・弁護人は，あらかじめ相手方にその証拠を見せなければ，裁判に出せません．証拠を出したいと請求すれば，裁判所は，相手方に「証拠を使ってよいかどうか」の意見を求めますので，検察官・弁護人の方であらかじめ相手に見せて内容を確認してもらう必要があるからです．さらに，被告人側にとっては証拠を集める作業が困難ですので，検察官が持っている証拠の中に被告人に有利な証拠や被告人側の防御に使える証拠があるのであれば，被告人側がそれを使えるようにする必要があります．そこで，相当な場合には，検察官が裁判に出すつもりのない証拠も，被告人側に見せることとなっています．

[2] 裁判の流れ

そして，裁判員裁判そのものは，次のような流れで進行します．

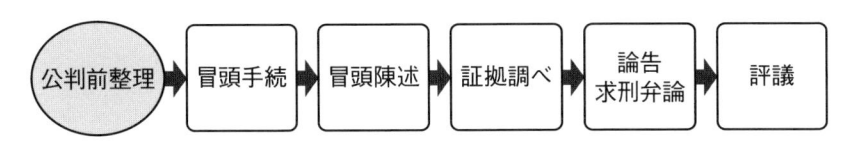

公判前整理 → 冒頭手続 → 冒頭陳述 → 証拠調べ → 論告求刑弁論 → 評議

まず，**冒頭手続**が行われます．裁判長は，出頭した被告人が人違いでないかどうかを確かめなければなりません（**人定質問**）．具体的には，被告人の氏名，年齢，職業，住居，本籍を質問し，起訴状に記載された被告人であるか確認します．次に，検察官が起訴状を朗読します．審理の対象を明らかにし，被告人に対しては裁判の際に反論する内容を明らかにするためです．そして，裁判長は，被告人に対し，①終始沈黙することも，個々の質問に対して陳述を拒むこともできること，②陳述をすることもできるが，陳述は被告人にとって利益な証拠とも不利益な証拠ともなることについて説明しなければなりません．そして，裁判長は，被告人及び弁護人に対し，被告事件についての陳述を求めます．

証拠調べは，検察側の冒頭陳述から始まります．まず検察官が，これから証拠を用いて証明しようと考えている事件の全体像を示し，個々の証拠がどのように位置づけられるかを示すのです．そうすれば，裁判官・裁判員にとって，提出されている証拠の意味がわかりやすくなります．被告人・弁護人としても，検察官の具体的な主張が理解できて，防御するのに役立つでしょう．冒頭陳述は，こうした目的で行われるものなのです．

裁判員の参加する刑事裁判では，被告人側に主張がある場合には，弁護人も冒頭陳述を行うことになっていて，弁護人は，検察官の次に冒頭陳述を行うことになります．具体的には，被告人の生い立ちや性格，犯行に至る経緯や，犯行の具体的な状況，犯行後の経過などといった，起訴された犯罪事実を認定するのに重要な事実を述べたり，被告人の刑を決める際に重要な情状に関する事実を述べたりすることが多いです．また，弁護人の場合であれば，被告人のアリバイや，被告人に正当防衛が成立することなど，被告人が無罪となるために重要な事実を述べたり，被告人に有利な情状に関する事実を述

べたりします．これらは，検察官（弁護人）が証拠によって証明しようと考えている事実であって，もちろん，証拠によってきちんと証明されなければ，そのような事実があったとは認められません．

その後の**証拠調べ**は，証人から証言を聴いたり，証拠の書類や物を調べたりします．検察側の証拠のうち必要なものをすべて調べ，その後に被告人側の証拠を調べます．被告人に対しては，いつでも誰でも質問できるのですが，実際には最終段階に，被告人質問という形で，事実関係，情状等に関する細かい供述を行わせることが多いです．

> **証人尋問**では，まず証人の証言を求めた者（検察官か弁護人）が尋問をします．この尋問を**主尋問**といいます．ここでは，誘導尋問は禁止されています．質問者が証人に質問する際に，証人に対して，質問者がどのような答えを期待しているかを暗に示して，そのように証言させようとする尋問方法です．通常，主尋問では，証人から，自分に有利な証言を引き出せると考えられていますので，証人としては，記憶と異なっていても質問者が期待している答えのように証言する危険が大きいのです（証人の記憶がはっきりしない場合等には誘導尋問も認められます）．許されない質問がされた場合，相手方から「異議」が出されます．異議が出された場合，裁判長は，異議に理由があるときは，質問を変更させることになります．主尋問の後，その証人に対し相手方から**反対尋問**が行われます．反対尋問では，通常，質問者と証人とは対立するような場合が多く，記憶に反する証言に誘導される危険は少ないので，原則として誘導尋問をすることが許されています．しかし，反対尋問の場合に，証人が質問者に迎合して答えているような場合には，誘導尋問は制限されます．

被告人に対する証拠がすべて出揃った段階で，検察官は，それらの証拠からどのような事実が認められるか（そこには犯罪事実に加え，刑の重さを判断するのに必要な事実，つまり情状に関するものも含まれます），どのような犯罪にあたるのかという法的評価を述べます．これが**論告**です．その際に，どの程度の刑罰を科すべきかという意見も併せて述べるのです．これを**求刑**と呼びます．

検察官の論告に対して，弁護人が意見を述べます（**弁論**と呼ばれます）．被告人が事実を認めており争いがないような場合には，その旨述べるだけな

のですが，被告人が否認していて事実に争いがある場合には，問題となる証拠について，それがどの程度信用できて，事実を認定するのにどの程度役立つかといったことを，具体的根拠を示して説明します．特に，捜査段階で犯行を認めていたにもかかわらず，公判廷で否認に転じたような場合には，捜査段階での調書に問題があることが述べられます（→ 132 頁）．検察官がナイフで刺し殺そうとしたと殺意を認めているのに対し，それを否認するような場合には，殺意をもってはいなかったといえるだけの事情（動機，犯行状況等）や，殺せないような形状であること，生じた傷が殺害しようとした場合には生じないものであることなどを弁護人が説明するのです．

証拠調べが終わりますと，いよいよ**評議**です．裁判官と裁判員が，一緒に話し合って，有罪・無罪や刑罰の種類や重さを決めるのです．もちろん，それ以前の段階にも，裁判官と裁判員が，お互いに証拠調べの内容に関する理解を確認し合ったり，論点を整理するために話し合いをすることはあり得ます．

2 犯罪の成否はどうやって判断するのですか

[1] 審判（裁判）の対象

裁判は起訴によって始まるのです．検察官が裁判所に起訴状を提出し，被告人を処罰するための裁判を求めることによって裁判が始まるのです．

起訴状には，被告人を特定することに必要な，氏名，年齢，職業，住居，本籍が記載されています．そして**公訴事実**が記載されているのです．これが，裁判（審判）の対象なのです．検察官が起訴した犯罪事実について，被告人が有罪なのか無罪なのか，もし有罪なら被告人にはどの程度の刑を科すかを決めていくのです．ですから，まず検察官が起訴している犯罪事実が具体的に特定されている必要があります．そうしないと，裁判所はどの犯罪事実について被告人の有罪無罪を判断すればいいかわかりませんし，また，被告人や弁護人も，被告人がどの事件について起訴されているのかわからなければ，防御の準備のしようがありません．公訴事実は，犯罪日時，場所，犯行方法，被害者がいれば被害者，被害品があれば被害品などを特定することが必要で

平成21年東地庁外領第34号　　　　　　　　平成21年検第32683号

起　訴　状

平成 21 年 7 月 14 日

東 京 地 方 裁 判 所　殿

　　　　　　　　　　東 京 地 方 検 察 庁
　　　　　　　　　　　　検察官　検事　田 中 誠 一　㊞

下記被告事件につき公訴を提起する。

　　　　　記

本籍　東京都千代田区霞が関1丁目1番1号

住居　同都新宿区若松町2丁目3番4号

職業　無　職

　　　　　　　　　（勾留中）　鈴　木　一　彦
　　　　　　　　　　　　　　　昭和53年4月23日生

　　　　　公　訴　事　実

　被告人は，平成21年6月22日午後11時過ぎころ，東京都渋谷区恵比寿4丁目5番6号木村二郎（当時27歳）方において，同人に対し，殺意をもって，果物ナイフ（刃体の長さ約10センチメートル）でその左前胸部を1回突き刺し，よって，同日午後11時58分ころ，同都目黒区駒場1丁目1番23号山田病院において，同人を左前胸部刺創に基づく出血により死亡させて殺害したものである。

　　　　　罪 名 及 び 罰 条

　殺　人　　　　　　　　　　　　　刑法199条

す。また、起訴状には、適用すべき罰条を示して罪名を記載しなければなりません。裁判員は、この公訴事実について、被告人が有罪か無罪かを判断していくのです。

なお、起訴状には、裁判官に事件について予断を生じさせるおそれのある書類その他の物を添付し、またはその内容を引用してはならないとされています（**起訴状一本主義**）。証拠は、刑訴法の規定に従って、裁判が始まってから、法廷で提出されるのです。第2次世界大戦前の旧刑訴法においては、起訴と同時に一切の捜査書類と証拠物とが裁判所に提出され、裁判官はあらかじめその内容を精査して、事件に対する十分な心証をもって公判に臨んでいました。検察官の判断を引き継いでいたといってよいでしょう。しかし、裁判官が公判開始前から予断を持っていることは、被告人にとって不利であり、不公正だとも言えます。現行刑訴法は、白紙の状態で第1回公判に臨むのが公平かつ公正であると考えたのです。ただ、裁判員裁判に伴って、公判前整理が広く導入されました。争点整理のために記録や証拠に接したとしても、予断排除の原則に反するとまではいえないと考えられていますが、訴訟の考え方が少し動いたことは否定できません。

> 刑事訴訟法256条Ⅲ項は「公訴事実は、訴因を明示してこれを記載しなければならない。訴因を明示するには、できる限り日時、場所及び方法を以て罪となるべき事実を特定してこれをしなければならない」と規定しています。**訴因**とは、それによって検察官が審判を求める**検察官の主張**であり、犯罪構成要件にあてはめて法律的に構成された具体的な事実です。公訴事実と基本的に同じと考えてください。

[2] 裁判における証明

刑事裁判は、起訴状に示された事件について、被告人に刑罰を科すことができるか否かを確定し、科すことができるとしたらどのような刑罰を科すのが相当であるかを決める作業だといってもよいでしょう。前者は、検察官の主張する犯罪事実が認められるか否かの判定（**事実認定**）と、その事実に法を適用することに分けられます。前に説明した、いずれの構成要件に該当するのかとか、正当防衛にあたるのかというのが後者の作業です。しかし、実

際の裁判の場においては，事実認定が圧倒的に重要なのです．

犯罪事実は，過去に生じたものであり，裁判をする側はそれを直接見聞したわけではないのです．そこで，裁判官・裁判員は，その事実を直接見聞した者（目撃者，被害者，被告人等）の話を聞くことにより判断せざるを得ません．ただ，犯罪の際にはさまざまな痕跡が残ることも多いでしょう．それを手がかりにして，犯罪があったのか否かを判断せざるを得ないのです．目撃者の話や犯罪の痕跡のように，犯罪事実を認定する資料を**証拠**というのです．先ほど述べた（→ 119 頁）証拠調べ手続というのはこの証拠を基に事実認定をしていくプロセスなのです．

刑事訴訟法は，事実の認定は証拠に基づくものでなければならないとしています（317 条：**証拠裁判主義**）．古代の神判のような証拠によらない裁判を否定し，さらにかつての自白偏重主義の苦い経験の反省に基づくものでもあるのです．「訴訟における事実の認定は証拠に基づく合理的なものでなければならない」とするものであり，近代裁判の大原則とされているものです．

「証拠」とは，どんな証拠でもよいというのではなく，原則として，①法廷に出すことが許されている証拠（**証拠能力のある証拠**）で，②認定に役に立つものであり（**証明力**があり），③法律の定めた証拠調べの手続きを経た証拠でなければなりません（→ 119 頁）．

これらの証拠に基づくのであれば，裁判官と裁判員の理性と良心を信頼して，被告人が犯罪を犯したかどうか等の判断を委ねるのです．逆にいえば「このような証拠（例えば自白）があれば必ず有罪にする」というルールはないのです．一定の証拠がなければ有罪とされないとか，「一定の証拠があれば一定の事実を認定しなければならない」という手続きの決め方を**法定証拠主義**というのです．それに対して，現在の日本のようなやり方を**自由心証主義**と呼ぶのです．

ただ，自由心証主義といっても，裁判官・裁判員の勝手な判断を許すものではありません．経験則・常識に基づかねばならず，論理的に矛盾したものであってはなりません．合理的なものでなければならないのです．そして，「自由心証」といっても事実上はかなり制限されていることに注意する必要があります．まず，判断の材料に用い得る証拠の範囲はかなり制限されています（証拠能力→ 126 頁）．そして，最終段階において，「疑わしきは被告人の

利益に」の原則が存在します．前に説明したように（→21頁），証拠による立証は「合理的な疑いを差し挟む余地のない程度の立証」なのです．しかし「抽象的な可能性としては反対事実が存在するとの疑いをいれる余地があっても，健全な社会常識に照らしてその疑いに合理性がないと一般的に判断される場合」も有罪にできるのです．このことが，裁判員が認識しておかねばならない最も重要なことなのかも知れません．

> 　証拠が事実の証明にどれだけ役立つかということを証明力といいます．裁判員の前に出されてくる証拠でも，犯罪事実を証明することに役立つ程度は，0％から100％までいろいろです．証明力は，その証拠がどの程度信用できるのか（信用性）と，その証拠からある事実があったことがどれくらい確実にいえるかということ（証拠と事実との間の関連性の大きさを示す狭義の証明力：関連性）を総合して判断されます．他の多くの証拠，特に客観的証拠と符合する証言の方が，そのような証拠のない証言よりも信用性が高いですし，その者しか知り得ない事実が含まれていて，それが他の証拠により確認された場合なども，その証言の信用性は高いのです．そして，「被害者の横で犯人の顔を見た」という証言の方が「500ｍ前方に逃げ去った犯人の服を見た」という証言よりも関連性が強いといえます．
> 　この証明力の評価こそが，裁判官・裁判員の最も大切な仕事であり，それぞれの自由な判断に任せられているわけです．それぞれの裁判員は，個々の証拠について，その証拠がある事実を認定するのにどの程度役立つのかを責任を持って判断することになります．例えば，殺人事件で，被害者の妻が，「被告人と被害者は日常の騒音問題で争っており，被告人が被害者に対して『殺してやる』と怒鳴ったことがある」と証言した場合でも，このような場合，被害者の妻と被告人とは利害が対立するので，その証言が信用できるか慎重に検討しなければならないですし，被告人が被害者をうらんでいたという動機だけで，被告人が被害者を殺したと判断はできません．もちろん，ある証拠の証明力がきわめて高い場合には，その1つの証拠だけで有罪を認定することもありうるでしょう．しかし，その証拠が自白の場合には，その自白だけで有罪を認定することはできません（→140頁）．

[3] 証拠能力と厳格な証明

　裁判における事実の認定のために使うことが許される場合を，**証拠能力**があるといいます．証拠能力がない証拠は犯罪事実の認定に使えないわけです．間違った判決が下されることを防ぐために，素材選びの段階からチェックをするのです．裁判官の心証形成に不当な影響を及ぼすおそれがあるので，「証拠調べをすることも許されないもの」があらかじめ定められているのです．**証拠の許容性**と表現した方がわかりやすいかもしれません．

　証拠能力に関しての一般的な規定は，刑事訴訟法には存在しません．①誤判を招くおそれのある単なる**噂**，**想像**，**意見**のようなものが，証拠能力を欠くことに争いはありません．証人が自ら体験した事実により推測した事項を供述することはできるのですが，単なる想像，意見であれば証拠能力はないのです．新聞記事等であっても，単なる風聞や意見に過ぎない場合は証拠能力はありません．

　②**違法に集められた証拠**も証拠能力が否定される場合があります（→136頁）．そして，刑事訴訟法が規定している最も重要なものが，③**伝聞証拠**（→133頁）と④**自白**（→137頁）なのです．

　これらの説明の前に，**厳格な証明**と**自由な証明**という言葉について触れておきます．証拠によって証明するという場合に，刑事裁判の世界では，厳格な証明，自由な証明及び疎明の3種類があるとされているのです．

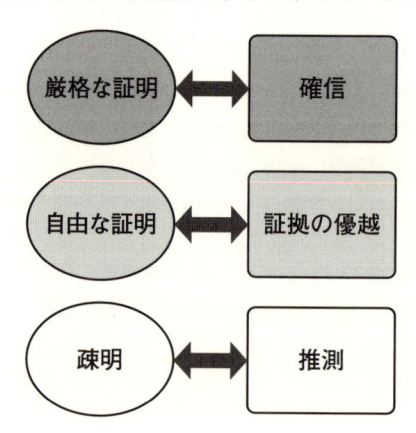

```
厳格な証明 ⇔ 確信
自由な証明 ⇔ 証拠の優越
疎明     ⇔ 推測
```

　厳格な証明とは，証拠能力が認められ，かつ，公判廷における適法な証拠

調べを経た証拠による証明のことです．ここまでの説明で用いてきた証明は，**厳格な証明**を念頭に置いてきました．しかし，裁判の場で認定しなければならない事実はまさに多種多様なのです．ありとあらゆることを厳格な証明によって証明していたら，ロスが多すぎるのです．そこで，犯罪の成否などの中核的事実以外の手続的な事実等については，より簡便な証明で足りるとされているのです．厳格な証明のような証拠能力の存在と適式な証拠調べという制約のない証明を**自由な証明**と呼んでいます．さらに，裁判官に確からしいという程度の心証（推測）を生じさせることで足りるという**疎明**が用いられる場合があります．これは，訴訟手続上の事項に限られます．そして，裁判官・裁判員の心証の程度も，合理的な疑いを生ずる余地のない程度に真実であるとの心証（**確信**），事実の存在を肯定する証拠が否定する証拠を上回る程度の心証（**証拠の優越**），一応の蓋然性が認められるという心証（**推測**）の3段階に分けられ，厳格な証明，自由な証明，疎明に対応しているのです．

　刑罰権の存否及び刑罰の量を定める事実は，厳格な証明の対象です．犯罪事実が厳格な証明の対象であることは争いがありません．犯罪とは，すでに説明したように，構成要件に該当する違法・有責な行為ですから，構成要件に該当する事実はもちろんのこと，違法性及び有責性の基礎となる事実の存在も，厳格な証明を必要とするのです．**違法阻却事由**または**責任阻却事由**にあたる事実の不存在についても，厳格な証明が必要です．そして，厳格な証明の対象となる事実を推測させる間接事実（→131頁）も，厳格な証明を必要とします．

　刑の重さを規定する事実も厳格な証明の対象です．**刑の加重事由**では，**累犯前料**（刑法56条）が重要です．累犯加重の理由となる**前科**はいわゆる「罪となるべき事実」ではないのですが，刑の加重の理由となる事実であって，実質において犯罪構成事実に準ずるものですので，これを認定するには厳格な証明を要するとされています．**刑の減免事由**には，未遂（刑法43条），従犯（刑法62条），心神耗弱（刑法39条Ⅱ項），過剰防衛・過剰避難（刑法36条Ⅱ項・37条Ⅰ項但書），自首（刑法42条）などがあります．

　自由な証明の対象とされるのは**訴訟法上の事実**や**量刑の資料**です．期日変更決定，弁論併合決定，公判手続停止決定等の基礎となる事実や，公訴棄却決定の基礎となる事実に関する証明は，自由な証明で足りるのです．ただ，訴訟

法上の事実といっても，親告罪の告訴の有無（訴訟条件）や自白の任意性（証拠能力に関する事実）のように，重要なものについては，厳格な証明によっています．

　刑の量定の基礎となる事実は**情状**と呼びます．情状には，犯行の動機，手段・方法，被害の程度など犯罪事実に属するものと，犯行後の反省や被害弁償など犯罪事実から独立したものがあり，前者の犯罪事実に属する情状は，犯罪事実自体の立証と不可分の関係にあり，厳格な証明を必要とするのですが，後者の犯罪事実に属さない情状は，重要性において犯罪事実や刑の加重減免の理由となる事実と質的な差がありますし，類型化することが難しく，厳格な証明に適さない面があります．そして，厳格な証明を要求するとかえって量刑の資料の範囲が狭まりすぎることになることなどから，自由な証明で足りると解されているのです．例えば，被告人の性格，環境等については，多くの資料に基づいて総合的に判断するのが望ましく，厳格な証明を求めたのでは基礎にできる証拠が限定されて不合理な場合が生じるおそれがあるのです．

　もっとも，刑事訴訟においては，刑罰権の存否を明らかにすることと並んで，刑の重さを定めることも劣らず重要ですし，現実の刑事裁判の大半は，犯罪事実そのものについては争いがなく，もっぱら量刑が当事者の関心事となっていることを考えますと，当事者主義の訴訟構造の下においては，情状についても，両当事者に反証の機会を与えるために厳格な証明によるのが望ましいという意見も強いです．実際の裁判上でも，被害弁償の事実の存否等については，厳格な証明によるのが通例のようです．情状についても，証拠を相手方に示し，反論を述べる機会を与えるなどの手順を踏むことが望ましいといえましょう．

> **証明の必要のない事実**　法規や経験法則は，事実そのものではなく，もともと証明の対象とはなりません．通常の知識・経験を持つ人が疑いを持たない程度まで一般に知れわたっている**公知の事実**は，厳格な証明の対象に関するものであっても，証明の必要はありません．公知の事実としては，①歴史的事実（広島に原爆が投下された），②事実の状態（東京駅周辺に高層ビルが多い），③一般的な情報（酒を飲むと判断力が落ちる），④確実な資料で容易に確かめ得る事実（2100年の1月1日は何曜日か），⑤概念

の内容・記号の意味（例えば MO, DVD, DNA）などです．

[4] 挙証責任

証明の必要がある事実について，取り調べられた証拠によっても存否いずれとも判断できなかった場合は，どうするのでしょう．この場合には，事実は証明されなかったことになるのです．このことを，「刑事訴訟では，犯罪事実については検察官に挙証責任がある」という言い方で表現します．刑罰を科すと主張する国家が犯罪事実を立証する責任があり，被告人の方に積極的に無罪を立証すべき責任を負わせるのは相当でないと考えられているのです．**疑わしきは被告人の利益**にという原則（→ 21 頁）はこのことを示していますし，**無罪の推定**（→ 21 頁）も同様だといってよいでしょう．

犯罪の構成要件に該当する事実，処罰条件である事実，法律上刑の加重理由となる事実の存在については，すべて検察官に挙証責任があるのです．さらに，違法阻却事由，責任阻却事由，法律上の刑の減免理由となる事実の不存在についても，検察官に挙証責任があります．この点については，かつて，刑事訴訟の当事者主義化が強調され，被告人と検察官は対等なのだから少なくとも違法性・責任阻却事由につき挙証責任を被告人側に負わせるべきであるとする議論が存在しました．しかし，例えば正当防衛の証明を被告人側ができないために有罪とすることになると，かなり広く「疑わしきは罰する」という結果になってしまいます．その不合理を回避するため，「被告人の阻却事由の立証は厳格な証明でなく自由な証明で足りる」とする議論も存在しましたが，それでも「疑わしきは罰する」ことに変わりはありません．

ただ，例外的に被告人側に無罪であることの挙証を要求しているように見える場合があります．例えば，X と Y が別々に，ただしほぼ同時刻に近接した場所で A を殴ったところ，A が重傷を負いました．X, Y が意思を通じて共同して行えば，両者に，傷害結果は帰責されます（→ 108 頁）．しかし，意思の連絡はなく，いずれの殴打が原因か立証できませんでした．刑法の原則からいけば，X, Y ともに重傷の責任は負いません．因果関係の立証がないからです．しかし，刑法 207 条は，このような場合にも，共同して行ったとみなすと定めているのです．X, Y は傷害結果を帰責されることを免れよ

うとすれば，自ら「因果関係がなかった」と証明しなければならないのです．刑法 207 条は，疑わしきは被告人の利益にという原則に反するので憲法違反だという議論もありますが，現実の傷害事件などを考えると，やむを得ない規定だと考えられています．

> 被告人側には挙証責任はないのですが，裁判の流れで，検察官が提出した証拠によれば有罪が認定されるだろうという状況に至ったとき，被告人・弁護人としては，無罪の方向に押し返す証拠を出すことができなければ，有罪となってしまいます．そこで，被告人の側で，裁判官・裁判員に無罪ではないかとの「合理的な疑い」を抱かせることができるような証拠を出す必要が生じます．このことを，被告人（弁護人）に「挙証の必要」が生じたと呼ぶことがあります．

3 裁判における証拠とは

[1] 証拠の種類

「証拠」というと，血の付いた包丁等を思い浮かべる人が多いかも知れません．また，公判廷における証人をイメージすることも多いでしょう．ただ，犯罪事実認定の資料となり証明の手段となりうるのは，凶器や証人そのものではなく，凶器の形状や証人の証言なのです．このような事実認定に使う証言や証拠物の内容・形状などを**証拠資料**と呼びます．それに対して，証拠資料の源泉となる証人や証拠物を**証拠方法**と呼びます．証拠方法を取り調べることによって得られるものが証拠資料なのです．

証拠方法は，人証・物証・書証に分かれます．**人証**は，証人，鑑定人，被告人などで，尋問・質問によって取り調べます．**物証**とは，犯行に使用された凶器や窃盗の被害品のように，その物の存在及び状態が証拠資料となる物体です．犯行現場も物証の一種です．証拠調べの方法は，展示又は検証です．**書証**とは，その記載内容が証拠資料となる書面のことで，証拠調べの方式によって**証拠書類**と**証拠物たる書面**とに分けられます．前者は書面に書かれた内容が重要なので朗読して調べますが，後者は外形も問題となりますので展示

と朗読の両方が必要になります．

　証拠方法に関して最も重要な分類が，直接証拠と間接証拠の区別です．**直接証拠**とは，目撃者の証言，被害者の証言，被告人の自白，またはそれらの者の供述調書などのように，犯罪事実を直接証明するのに用いられる証拠です．これに対し，**間接証拠**とは，犯罪事実を直接にではなく，一定の事実を証明することにより犯罪事実の証明に役立つ証拠です．例えば，犯行現場に残された体液（により得られたDNA型）などが代表例です．犯罪事実は，直接，決定的な1つの証拠で認定されるというより，多くの間接事実の積み重ねによって推論されていくのです．殺害現場に食べ残された物からDNA型が採取されて，犯人が犯行現場に居たこと（間接事実）が証明され，その事実などから，犯行を推認することが可能となっていくのです．もちろん，間接証拠のみによって，有罪を認定することも可能です．

> 　犯罪事実の存否の証明に向けられる通常の証拠を**実質証拠**といい，実質証拠の証明力を弱める証拠を**弾劾証拠**といいます．犯行の目撃者の証言の証明力を弱めるために，当日の夜は月も出ていないし，現場路上付近に街路灯は存在しなかった等の事実を証明する証拠が弾劾証拠です．

　証拠の分類の中で，裁判員にとって最も重要なのが，供述証拠と非供述証拠の区別です．言葉やこれに代わる動作によって表現された供述（認識・判断を述べたもの）が証拠となるものを**供述証拠**というのです．代表例は，証人の証言，供述調書等です．これに対して，物の存在，状態などを証明するための，それ以外の証拠を**非供述証拠**といいます．犯行に使用された凶器はその典型ですが，ここで重要なのは，凶器を検証して得られた情報を調書にすると，そこでは検証者による認識・評価の叙述が含まれますので，供述証拠となってしまうということなのです（なお，両者の限界は微妙なこともあります．写真や録音録画テープ等は，撮影・録画の仕方によっては供述証拠となる余地もあるのです）．

　供述証拠は，人の記憶に残った犯罪のこん跡を再現したり，供述者の証拠方法についての評価が入り込みますので，客観的事実と乖離する可能性があるのです．①見聞きし，②記憶し，③表現するステップで，供述内容が不正確になってしまう危険性が潜んでいます．そこで，原則として，相手方のチ

ェック，すなわち**反対尋問**の機会を与えて誤りの有無と程度を確かめた上でなければ証拠にできないと考えられているのです．これに対し，非供述証拠は，このような危険を考慮する必要がないといえましょう（現場に残された凶器は，法廷で証拠調べをする際も，同じ状態であるといってよいからです）．

裁判官・裁判員が法廷で直接聴くことのできる供述証拠としては，証人の証言，被告人の供述があり，法廷で直接聴くことのできない供述証拠として重要なものとしては，被害者の供述調書，犯行目撃者の供述調書，被告人（被疑者）の自白調書，実況見分調書，医師の診断書，鑑定書等があります．

供述者自身の作成した書面を**供述書**といい，供述を他者が書取ったものに供述者が署名押印したものを**供述録取書**といいます．

裁判では供述録取書が非常に重要な役割を果たします．その代表的なものについて説明しましょう．検察官が事情聴取した相手から聴いた供述の内容を記録した書面を**検面調書**といいます．「検察官面前調書」の略です．検察官は，犯罪を捜査するために必要な場合，その事件の被疑者や被害者，目撃者などから直接事情を聴きます．そして，事情を聴いた相手から，その犯罪を解明する上で必要な供述の内容を供述調書として記録に残すのです．そして，供述者自身にその内容を確認してもらい，内容に間違いがないとき検面調書に署名・押印してもらうことによって完成するのです．

　一方，警察官が事情聴取した相手から聴いた供述の内容を記録した書面を，員面調書と呼びます．警察官も，被疑者をはじめとした事件関係者から事情を聴きますし，裁判で証拠として利用するため，供述者から聴いた供述の内容を「供述調書」という形で記録に残します．ほとんどの刑事事件は，まず警察が捜査を行ってから，検察官に事件を送ります（→11頁）．警察の捜査は，事件の正確な内容がよく分からない段階から始まることが多いので，員面調書は，事件関係者の供述を広く，かつ，まんべんなく記録する傾向が見られます．これに対し，検察官は，警察から送られた証拠を客観的に検討した上で，どちらかといえば，核心部分に光を当てて捜査し，検面調書は，争点に対応した記述になるといえるでしょう．
　被疑者以外の人の供述内容を記録した検面調書は，員面調書よりも，刑事裁判の証拠として使える場合が多いことに注意しなければなりません．員面調書の場合，被告人らが証拠とすることに同意しない限り，たとえ証人が法廷で証言した内容と員面調書の内容が違っていても，証拠とするこ

> とができないのですが（→134頁），検面調書の場合，法廷で証言した内容と検面調書の内容が違った場合，検面調書の供述の方が法廷での証言よりも信用できるという特別の事情がある場合には（例えば，証人が被告人から仕返しされることを恐れて，法廷では本当のことが言えないような場合や，裁判までに時間が経ったことで，記憶が曖昧になっている場合等），被告人や弁護人が証拠とすることに反対しても，検面調書を証拠として使うことができるのです．
>
> 　検証調書とは，警察官などが検証した結果をまとめた書類のことです．警察官などが自分で見て確認したことを文章でも表しますが，場所や物などの写真や図面が添付されていることも多いのです．検証の対象である場所や物の所有者，検証の対象である人が検証に同意しない場合でも，裁判所の令状（検証許可状）があれば，検証はできます．人の身体が対象のときには身体検査令状が発付されます．こうした令状に基づいて強制的に検証ができるわけです．これに対して，実況見分調書は，「場所や物，人などの状態を目で見るなどして認識できた結果をまとめた書類」という点では検証調書と同じなのですが，関係者の同意を得ることが原則的に必要です．逆に，実況見分には裁判所の令状は必要ありません．そして，実況見分を行うには原則として関係者の同意が必要です．ただし，交通事故の場合などで経験した方もいると思いますが，公の場所で実況見分を行うときには，関係者の同意は必要ありません．交通事故の事件で，公道上の事故現場で衝突により破損して停まっている車の状態やスリップ痕の状態を見たり，距離を測ったりして確認する場合には，同意がなくても実況見分を行うことができます．

[2] 供述証拠と伝聞法則の例外

　相手の**反対尋問**を経ない供述証拠のことを**伝聞証拠**と呼びます．具体的には「公判期日における供述に代わる書面」及び「公判期日外における他の者の供述を内容とする供述」（伝聞証言）で，その元の供述の内容である事実の証明に用いられる証拠のことです（→131頁）．「伝聞証拠は反対尋問によるチェックを経ておらず，誤りが含まれている危険があるので，証拠になし得ない」という原則を**伝聞法則**というのです．供述証拠が伝聞証拠である場合には，他人または書面を介して法廷に提供されるので，裁判官・裁判員が本人に対し直接確かめることができませんし，当事者も反対尋問ができない

ため，その証明力について吟味できず，かなり疑わしい場合も含まれますので，原則として，証拠として取り調べることはできないのです．しかし，伝聞証拠でも一定の証明力を有することも，否定できません．そして，反対尋問権の行使が不可能な事態も考えられますし，当事者が放棄することもありうるのですから，伝聞証拠に対する証拠能力の制限は絶対的なものではないのです．伝聞法則については，かなり広く**例外**が認められていることに注意しなければなりません．

伝聞証拠であっても証拠として使える例外は，伝聞証拠の内容に信頼を置けるような情況があり，裁判の場で真相を解明するためにはそれを証拠とする必要性が高い場合です．ただ，検察官と被告人の**双方が証拠とすることに同意した書面又は供述**は，その書面が作成されまたは供述のされたときの状況を考慮し，相当と認めるときに限り，伝聞証拠でも証拠とすることができます（刑訴法326条Ⅰ項）．**同意**は，原供述者に対する反対尋問権を放棄する意思表示なのですが，それにとどまらず積極的に証拠に証拠能力を与える当事者の行為であると解されています．実際上は，元の供述者を証人として喚問してみてもその書面と同じ供述しか得られないと思われる場合に，反対尋問権を放棄する例が多いのです．さらに，実務的には，反対尋問の余地のない被告人の自白調書等についても同意される例が少なくありません．

伝聞法則の例外として重要なのは，検面調書（→132頁）について，第1に，供述者の死亡等による**供述不能**の場合には，それのみで証拠能力が認められますし，供述者が公判準備または公判期日において検察官の面前で行った供述と相反するかまたは実質的に異なった供述をしたときで（**相反性**），しかも公判準備または公判期日における供述よりも検察官の面前で行った供述を**信用すべき特別の情況**がある場合（**特信性**）には証拠能力が認められるのです．同一人が検察官の面前と裁判所の面前で異なった供述をしたときに関するもので，実務上は，最も重要な働きをしています．特信性が備わる場合に限って，法廷外における前の供述に実質証拠としての証拠能力を認めているのです．

検証調書・実況見分調書も伝聞証拠ではありますが（→133頁），その作成者が証人として真正に作成したものであることを供述したときは，証拠とすることができることになっています．**真正に作成されたものであることの供述**とは，

間違いなく自分が作成したという供述（作成名義の真正）と，検証したところを正しく記載したという供述（記載内容の真正）をあわせたものと解されています．なお，当事者は，作成者が作成の真正について証言する機会に，あわせて観察や記載の正確性についても反対尋問をすることができるとされています．この程度の要件で，伝聞法則の例外が認められるのは，検証が五官の作用により事物の存在・状態を観察して認識することであり，評価というような主観的要素の入り込む余地が比較的少なく，しかもその結果は単なる記憶によって保存することが困難なものも多く（形状，色彩，距離等），検証直後に作成された書面の方が正確性や詳細さにおいて口頭による場合より優れているといえるからだと説明されています．

弾劾証拠（→131頁）は，伝聞証拠であっても，事実認定に用いるのではなく他の証拠の証明力を弾劾するためにだけ用いるので，伝聞の弊害が少ないとして使用が認められています．伝聞法則の例外には該当しない書面または供述であっても，証人等の供述の証明力を争うためであれば，証拠として使用することができるのです．

> 　証拠が提出される場合には，「甲第●号証」，「乙第●号証」，「弁第●号証」等と番号をつけて整理します．検察官や弁護人が証拠を提出する順番に番号を付けて呼ぶのです．検察官が提出する証拠は，被害者の供述調書や犯行現場の実況見分調書，鑑定書などの**甲号証**と，被告人の供述調書や前科調書等の**乙号証**に分けて番号が付けられています．これは，被告人の供述調書や前科調書等以外の証拠（甲号証）から先に取り調べることになっているからです．弁護人が提出する証拠は，「弁第1号証」「弁第2号証」などと呼ばれます．

[3] 非供述証拠と違法収集証拠排除

　刑訴法には供述証拠に関する定めは多いのですが，非供述証拠については特別の規定はありません．非供述証拠は，証拠として採用されれば大きな証拠価値を有することも少なくないため，そこでは，①証拠としての関連性の有無（→125頁）や，②その収集の仕方が問題となるのです．また，科学技術の進歩によって採証方法の進化が著しく，そのことも新たな問題を提起し

ているといえましょう．

　最近は，証拠に関し，科学的な進歩が著しく，毛髪，声紋等に加え，DNA 鑑定等も広く行われるようになってきています．それらの科学的知見は最大限に活かされなければならないのですが，プライバシーの保護等も十分に考慮しなければならないといえるでしょう．

　違法収集証拠排除の原則とは，違法な手続によって収集されたものは裁判における証拠から排除すべきであるという理論です．捜査段階における人権侵害をチェックするために証拠法でも対応すべきものとする考え方で，令状主義等による事前のチェックや，違法捜査に対する事後的な措置（損害賠償等の民事上の責任追及，懲戒等の行政上の責任追及）のみでは刑事訴訟の適正が全うできないという考慮が土台に存在するといってよいでしょう．証拠を収集する手続の違法により証拠能力が否定される場合があることは，明文の規定はないものの，判例によって採用された原則とされ，一般にも認められています（供述証拠については，拷問や長期の拘禁の後の自白など違法捜査によって得られたものが証拠から排除されています→ 126, 138 頁）．

　裁判所が，違法に収集された証拠に基づいて判決すると，その違法行為を助長することにもなりかねません．違法手続を抑止するには，それによって得られた証拠の利用可能性を奪うことが有効であるともいえましょう．軽微な違法があった場合はともかくとして，憲法違反その他重大な違法手続によって得られた証拠の証拠能力は否定すべきであるとされるのは，このような考えに基づくのです．

　ただ，証拠物の場合，収集手続に違法があってもなくても，その証拠の証明力自体には変わりがないのです．したがって，実体的真実発見のためにはこれを証拠とすることを認める一方，捜査機関の違法については，別に民事上，行政上の責任を追及することによって救済を図るべきであるとの考え方も一定の説得力はあります．しかも，違法な手続によって収集された証拠物の証拠能力を否定する明文の規定は存在しないのです．ただ，拷問等の違法な手続によって収集された自白については，その証拠能力が否定されているのですから（→ 138 頁），証拠物についても同等の配慮をすることが必要だともいえるのです．実質的に考えても，重大な違法手段によって収集された証拠を利用することは，適正手続の保障に反することになりますし，司法に対

する国民の信頼を揺るがすことにもなるでしょう．また，違法捜査を抑止するためには，事後的な救済措置のみでは実効性に乏しい類型も考えられ，違法収集証拠の排除による方が効果を期待できる場合が存在することは否定できません．

> 判例は，「押収物は押収手続が違法であっても物其自体の性質，形状に変異を来すはずがないから其形状等に関する証拠たる価値に変りはない」として排除法則に消極的であったのですが，現行刑訴法施行後約30年を経て，昭和53年に違法収集証拠排除の原則を認めるに至りました．ただ，証拠が排除される手続きの違法は，①違法の程度が憲法の精神を踏みにじるほどに重大であり，かつ，②そのようにして得られたものを証拠として使えることとしてしまうと，将来同じような違法な捜査が繰り返されることを十分に防止することができないと考えられる場合に限られるのです．例えば，覚せい剤の使用ないし所持の嫌疑が濃厚であり，所持品検査が緊急に必要な状況で，本人の承諾がないのにその上衣の内ポケットの中から覚せい罪を取り出した警察官の行為は違法であるとされたのですが，その違法は重大とまではいえず，その覚せい剤は「排除」まではしなくともよいとされています．

[4] 自白の取り扱い

自白は，事実認定において「証拠の王」として重んじられてきた時期がありました．そのためもあって，獲得方法などに大きな問題を抱えてきたのです．そこで，憲法及び刑訴法は，自白について証拠法上の特別の制約を設けて，慎重な取扱いを定めているのです．具体的には証拠能力の要件である任意性と証明力に関する補強証拠の定めです．

自白とは，自分の犯罪事実を認める被告人自身の供述です．自分に不利益な事実を認める供述を**承認**といい，自白も承認の一種ですが，犯罪事実の**全部または主要部分**を認める供述に限られます．犯罪事実の一部しか認めない供述，間接事実だけを認める供述，前科の存在を認める供述などは，承認ではあるが自白ではないのです．構成要件該当事実をすべて認めているが，正当防衛などの**違法阻却事由**などを主張しているような場合，やはり，客観的構成要件事実（罪体）を認める以上は自白とすべきでしょう．自白は，どの

ような時期に誰に対してなされたものでもよいですし，口頭によるか書面によるかは問いません．

一般に，「自己に不利益なことの供述は信用できる」と考えられることなどから，自白は証拠の王とも呼ばれ，かつては強制・拷問などを加えて自白を得ることもしばしば行われたわけです．そこで，自白は，証拠法上，他の供述証拠と区別されて，強制的要素の加わった可能性のある自白，すなわち**任意性を欠く疑いのある自白を排除**するという原則が定められているのです（**自白法則**）．任意性のない自白は，証拠能力が認められないのです．憲法38条Ⅱ項は，「強制，拷問若しくは脅迫による自白又は不当に長く抑留若しくは拘禁された後の自白は，これを証拠とすることができない」と規定し，刑訴法319条Ⅰ項は，この憲法の規定と同一内容の自白のほか，「その他任意にされたものでない疑のある自白」についても，証拠とすることができない旨明示しているのです．

任意性のない自白が証拠とならない実質的な根拠に関しては，①強制，拷問等によって得られた任意性のない自白は虚偽内容を含む可能性が高く信用性が低いので証拠にならないとする**虚偽排除説**，②供述の自由を中心とする被告人の人権を保障するため，強制，拷問等によって得られた任意性のない自白は証拠とならないとする**人権擁護説**，③憲法38条Ⅱ項，刑訴法319条1項は，自白採取の過程に違法がある場合に，その自白を排除する趣旨を規定したものであるとする**違法排除説**が主張されています．刑訴法319条の解釈として，「任意性」の概念から切り離された違法手段一般を問題とすることには無理があり，虚偽排除と人権擁護の組み合わせとして理解すべきように思われます．

強制行為によって得られた自白は，任意性のない典型例で，刑訴法319条の示す「強制，拷問，脅迫」とは，肉体的または精神的な苦痛を与える強制行為のすべてを含む表現であるといえるでしょう．強制，拷問，脅迫が加えられて得られた自白であると認められる以上，その自白が**真実であると判明しても，証拠となし得ない**のです．その範囲では，虚偽排除説は人権擁護説によって修正されざるを得ないわけです．

不当に長く抑留または拘禁された後の自白も，任意性のない自白の典型例です．「不当に長い」とは，虚偽排除説の視点からは，虚偽の自白をしてで

も釈放を求めたいと思うような苦痛を与えるほど長いことをいい，人権擁護説の観点からすれば，供述の自由を侵す程度に長いことを意味することになります．不当に長いか否かは，犯罪の罪質，重大性，勾留の必要性などの客観的事情に加えて，年齢，性格，健康状態など被疑者固有の事情を総合して，具体的な事件ごとに判断されざるを得ないのです．

　窃盗の直後に現場の近くで被告人の所持品の中から被害金品が出てきたという事件について，被告人が逃亡するおそれもないのに109日間拘禁し，その後に被告人が初めて犯行を自白した場合に，「不当に長く抑留又は拘禁された後の自白」にあたるとされました．また，単純な2個の窃盗事件において，逮捕されてから6ヵ月10日間引き続き拘禁された後，控訴審の公判廷で初めて自白するに至った事案について，被告人が拘禁後1ヵ月余で病気になり，拘置所内の病舎に収容され，その公判期日にも病舎から出頭して自白した上，身柄の釈放を求めていたような事情がある場合には，「不当に長く拘禁された後の自白」にあたるとされました．

　強制，拷問または脅迫による自白，不当に長く抑留または拘禁された後の自白以外であっても，任意性の認められないものがあり得ます．**手錠をかけたままの取調べによる自白**は，通常は任意性を欠くと考えられています．供述の自由を担保するためには，施錠しないで取り調べるのが原則でしょう．**糧食の差入れが禁止されている間の自白**についても，特別の事情のない限り，任意性に疑いを生じさせるものとされています．そして，**約束による自白**も排除されます．捜査機関が，被疑者に対し，自白すれば起訴猶予にする，あるいは釈放するなど利益な処分を約束し，その結果被疑者が自白したような場合です．このような自白は，利益目当ての虚偽の自白の可能性が強いので，任意性に疑いが生じると考えられます．また，**偽計による自白**も排除されます．偽計によって被疑者が心理的強制を受け，虚偽の自白が誘発されるおそれが濃厚ですから，やはり任意性に疑いが生じるのです．他方，**追及的あるいは理詰めの取調べによる自白**，**誘導的な取調べによる自白**，黙秘権の告知を欠いた取調べによる自白，数人がかりでの取調べによる自白等は，直ちに任意性に疑いを生じさせるものではないとされています．もっとも，いずれの場合も，当該具体的な取調べの態様いかんによっては，任意性に疑いを生じさせる場合もないわけではないことに注意してください．

自白についても，その**証明力**は慎重に判断されなければなりません．①自白に至る経過や動機を検討するほか，②内容の合理性が判断されなければならないのです．「供述内容は辻褄が合っているか」という判断は，裁判員にとって重要なものです．その際，③犯人でなければ知り得ないような事情が含まれているか否かをチェックすることが重要だとされています．犯行の主要な部分にそのような事情（いわゆる秘密の暴露）が含まれていれば，その自白は原則として信用できるものと考えられるからです．

　被告人を有罪とするには，自白だけではダメなのです．任意性があり信用性も認められる自白によって，裁判官がどれだけ強い有罪の心証を得たとしても，他の証拠がなければ有罪としてはならないのです．このように自白しか証拠がない場合は有罪となし得ないことを**補強法則**と呼びます．補強法則は，自白の証明力の制限，すなわち自由心証主義の唯一の例外なのです（→124頁）．

　ところで，被告人に不利益な唯一の証拠が第三者の供述であれば，それのみで被告人を有罪とすることができるのに，なぜ自白に限って補強証拠を必要とするのでしょうか．それはまず，自白は，犯罪体験者の告白として過大に評価される危険があるからなのです．自白は歴史的にも証拠の中で最も重んじられてきたのですが，他方で，任意性のない虚偽の自白によって誤判を招いた例も少なくなかったのです．第三者の供述であれば反対尋問の機会があるのですが，自白にはその機会がないのです．そこで，自白の偏重を避けることによって誤判を防止し（虚偽排除的側面），あわせて間接的には，自白の強要を防止するため（人権擁護的側面），自白に補強証拠を必要としたものと考えられます．

> **補強証拠の必要な範囲**　補強証拠を要するのは犯罪事実についてであり，犯罪事実以外の事実については補強証拠を必要としないとされています．犯罪事実以外についてまで補強証拠を必要とするものではないと解されるのです．犯罪事実のうちどの部分について補強証拠を必要とするかについては，刑事訴訟法などに定めがあるわけではありません．刑事訴訟において犯罪事実を認定するには，刑法の構成要件に該当する犯罪事実が存在することと，それが被告人によって犯されたことの証明が必要となります．構成要件該当事実は，実行行為・結果・因果関係という客観的な事実と，

故意・過失・目的等の主観的な事実に大別されるわけですが，前者に補強証拠があれば架空の犯罪による処罰を防止することができる上，主観的事実については，補強証拠の存在しない場合も少なくないので，主観的事実まで補強証拠を必要とするものではないとされています．

第9章 刑の重さはどのように決定するのですか

[1] 量刑作業の実際

　わが国の刑法典は，①法定刑の幅が広く，②任意的減軽（または免除）を認める規定が多数存在し，③再犯を理由とする大幅な刑の加重が認められていますので，非常に広い裁量の幅が認められているのです．この量刑の判断について判例は，犯人の性格，年齢及び境遇並びに犯罪の動機，目的，方法情状及び犯罪後の情況を考察し，特に犯人の経歴，習慣その他の事項をも参酌して適当に決定するとしています．

　より具体的には，当該犯罪事実自体とそれに関係する情状（**犯情**），すなわち，犯行の動機，方法，結果，社会的影響，さらには被害者側の行為や事情も含めた犯行の誘因，共犯者との関係，加功の程度，常習性などにより，行為責任に応じた刑の大枠を決め，その幅の中で，具体的な事案に即して，犯人の年齢，性格，経歴，環境，犯罪後の反省の態度，示談の成否，被害感情等といった一般情状が考慮され，その中に一般予防や特別予防という刑事政策的な目的が勘案されていくとされています（原田国男『量刑判断の実際増補版』平成16年，3頁）．

　量刑の具体的内容を規定する事情は，①犯罪を構成する事実，②それに関連する犯罪事実に近い事情と，③犯罪後の事情を中心としたその他の事情に分けられます．犯罪後の事情は，犯罪の成否とは直接関係しませんが，予防，特に特別予防の観点の関連からは重要だと考えられています．

　もちろん①犯罪事実が，量刑判断の土台となる最も重要なものです．**前科**は，理論的には責任評価の外であり，量刑において考慮すべきでないという学説も存在しますが，実際には，国民も含め非常に重視されているといって

よいでしょう．ただ，窃盗のような場合，時間の経過をどのように評価するかは，特別予防効果（→29頁）を勘案して慎重に取り扱われなければならないと思います．

犯罪事実
　①犯罪結果の重大性（例えば被害者の数）
　②行為態様の悪辣性（例えば用いられた凶器）
　③故意の内容（確定の度合い等）

犯罪事実に近い事情
　①行為者と被害者との間柄（例えば親子関係の有無）
　②被害者と被告人との間で紛争が生じた原因
　③紛争が生じた後，被告人及び被害者の行った解決のための努力
　④被害者に対する攻撃の具体的態様
　⑤被告人が凶器を用いた場合，それを用いるに至った経過
　⑥殺傷の故意が発生した時期
　⑦計画性の有無
　⑧犯行直後における被害者に対する救護措置の有無
　⑨共犯者との関係，加功の程度
　⑩常習性

その他のもの
　①被告人の精神的・肉体的素質
　②生い立ち
　③犯罪歴
　④社会に復帰した場合の社会的境遇や家庭環境
　⑤さらには被告人自身の更生意欲
　⑥被害弁償への誠意などの事情
　⑦被害者側の意向
　⑧事件の社会に与えた影響の程度

量刑相場　わが国の量刑が安定しているのは，量刑相場があるからだとされています．量刑相場とは，刑事裁判官により，量刑不当を理由とする上訴に対する上訴審の審査結果等によって制御されつつ，経験的に積み重ねられてきた基準とされています．

> 　刑事裁判官が，量刑においても平等性，公平性を重視するのは当然で，同様な事件がどのように処断されたのかが，量刑の判断の最も重要な基礎資料となってきました．類似の事案の判決を読むことにより過去の同種事案の量刑の傾向を知り，裁判の場での経験も加えて，量刑に関する情報が裁判官に蓄積されてきました．もちろんそのような形で得られた「相場」は，固定的・絶対的なものではありません．類型的な幅のある判断を前提に，個別の具体的事情を加味して修正し，犯罪抑止の必要性，改善更正の可能性なども織り込んで，最終的量刑を決定していくのです．そして，このような具体的量刑判断が，後の同種事案の量刑判断資料として用いられていくのです．そのような作業の繰り返しによって形成される「量刑相場」は，あたかも「老舗の鰻屋の蒲焼きのたれ」のようなものといえましょう．

［2］ 量刑に関する国民と裁判官の意識についての研究

　裁判所を中心に，裁判員制度に向けての量刑調査研究が行われました（「量刑に関する国民と裁判官の意識についての研究（司法研究57輯1号）」）．766人の刑事裁判官と，1000人の国民との比較研究です．同研究によれば，①我が国の刑事裁判は，専門家としての刑事裁判官により，非常に安定的な量刑がなされていること，②裁判員として参加が予定される国民は，平均値をとれば，裁判官より若干重めの量刑を行いそうだが，裁判官との人数比なども勘案すれば，現状を大きく変更するものとはならないと予想しています．国民は全体として見ると，量刑行動について，問題にすべきほど特徴のある判断を示す性別・年齢・職業等の属性は認められないと指摘しています．たしかに，国民と裁判官では，被告人が少年である場合の評価や責任能力の評価等の点で差が認められますが，これらは，裁判員制度の運用の中で，その差が狭まってくるのかも知れません．

　具体的事例についての具体的量刑のグラフ（次頁）を見ると，裁判官の方が国民よりバラツキが少ないことが読み取れます．ただ，国民の量刑判断の平均値と裁判官のそれは，さほどずれてはいません．

> **設例** A（45歳・男）は，居酒屋で酒を飲んでいたところ，偶然隣り合った見知らぬB（40歳・男）との間で，互いの腕が当たった当たらないということから口論となった．
>   AはBから「馬鹿野郎」などとののしられたことに激しく怒り，とっさに殺意を抱き，カウンター内にあった店の果物ナイフでBの胸を1回突き刺して殺害した．
>   Aには前科・前歴はなく，罪を認めて反省している．
>   事件後，AはBの遺族（妻と小学生の子供）に謝罪するとともに賠償金を支払い，Bの遺族はAを許している．

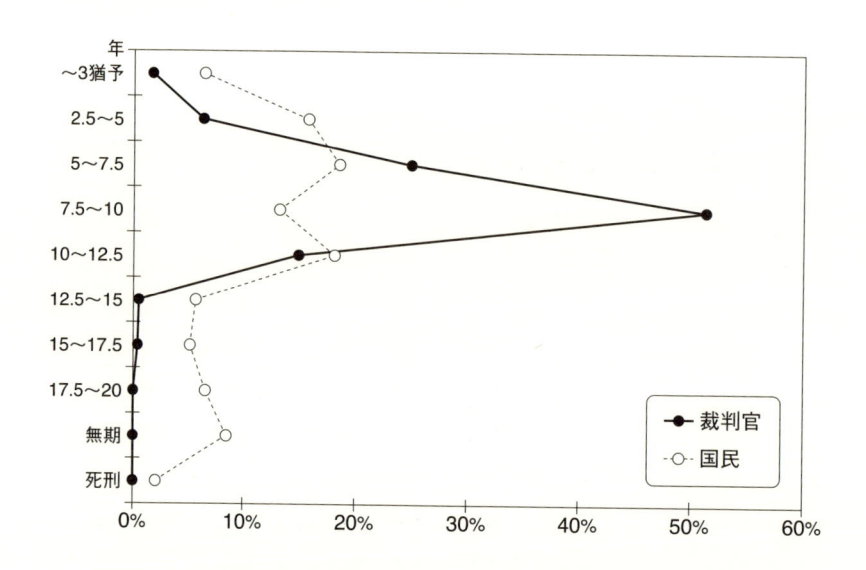

なお，①国民は着目する因子が少ないこと（特定の因子に大きく左右されること），②逆に裁判官は多くの因子を考量していること，③裁判官が着目する因子は共通性が高く，その評価も類似していること，④裁判官は類似の先例を考慮する意識が強いこと，⑤国民一般も類似の事例を知りたがらないわけではないが，その程度が異なることが指摘されています．

［3］重くするのはどういう場合か

裁判官に対する調査の結果，重くする因子に関して以下のことが明らかに

されました.

　殺害の**被害者が複数**であれば，量刑は重くされており，**計画的犯行**である場合も重くされます．この２つの事情が，特別の事情がない限り，量刑を最も重くする因子といってよいでしょう．それに次いで重くする方向で重視されているのが，「**反省していない**」という事実です．９割以上の裁判官が，重くする因子と考えています．行為後に反省したか否かは，「行為時の責任の量」とは関係しないことは明らかですが，量刑判断に重要な意義を有することは否定できないのです．

　被害者が10歳以下の児童である場合も，重くする因子として働きます．同じく弱者に対する加害である高齢被害者の場合とは異なるようです．幼児が被害者の場合，遺族の感情も考慮されることになるのでしょう．

　遺族が厳罰を希望している場合も，かなり重く処罰する方向への力が働きます．被害者に扶養家族が残る場合も同様で，８割の裁判官が「重くする・やや重くする」と答えています．地域に大きな影響を及ぼした場合も同様です．ここでは，法益侵害性が大きいということのほかに，一般予防（→29頁）と関わる考慮が含まれていることが重要でしょう．地域の安心感の醸成，不安感の払拭に加えて，同種の犯罪を禁圧するという要請が入っていると考えられるのです．

　被害者が自分の子どもである場合は，被害者が尊属である場合と比較して，やや重くする傾向が見られますが，さほど強い因子ではないようです．

　法益侵害性の大小が量刑に影響すること（被殺者数），行為時の主観的悪らつ性（計画性）も重視されているのは当然ですが，行為後に反省していないことがかなり重視され，遺族の厳罰化の要求も影響を与えていることは注目すべきでしょう．

　犯行の動機には，故意の確定の度合いや違法性の意識の強弱，程度を示す役割があります．そして量刑評価においては，動機内容自体の悪辣度が重要な意味を持ちます．故意の確定度や違法性の意識の明確性が同じであったとしても，ギャンブルの資金を得る目的と，生活費を工面する目的の場合では量刑評価に，当然，差が生じるでしょう．応報（責任）刑，すなわち国民から見た「非難」の量に規定される刑量は，この動機内容の悪辣度により，自ずと異なるのです．

[4] 軽くする因子

　日本の裁判官は，**謝罪**と**賠償**が為された場合が，最も刑を軽くすると回答しています．ここでも，完全に行為後の事情であり，行為時の責任を中心に量刑判断を行うわけにはいかないことがはっきり示されています．それに次いで，被害者の落ち度も重視されているといってよいでしょう．「民事との差」として，刑事裁判では行為者の事情のみを重視する傾向が強いと考えられてきましたが，少なくとも量刑においては，被害者側の事情も重要なファクターとなっていることがはっきりしました．ただ，刑事でも正当防衛などの違法性阻却判断においては，もともと被害者側の事情を考慮してきており，当然のことともいえましょう．

　行為者が**少年**であることも，裁判官においては，圧倒的に刑を軽くする強い因子です．この点は，責任非難が相対的に少ないこと，特別予防（少年の可塑性）などが考慮されていると思われるのですが，9割以上の裁判官が「減軽する方向」を選択している背景には，少年法の存在が大きいと思われます．ここには，むしろ重くすべきと考える一般国民との間に著しい乖離が見られるのです．この点は，裁判員制度の運用の際にも，慎重に考慮する必要があると思われます．単に，「一般国民は少年法の知識が足りない」と片づけられる問題ではないのです．

　それとともに，被害者側が許していることも刑を軽くする非常に強い因子となっています．被害者側が厳罰を希望する場合には重くすると考えていることと併せて考えると，裁判官は，被害者の意向を非常に重視していることがわかります．その点は，一般国民以上なのです．

　責任能力が減退していることも，裁判官は重視しています．飲酒により判断能力が低下した場合にも，程度は軽いものの，刑を軽くするのです．ここには国民の意識との乖離が見られ，裁判員制度の運用の中で，慎重な検討を要するポイントになるでしょう．行為者が高齢であること，謝罪していること，恵まれない生育歴などは，軽くする因子であることは確立しているのですが，あまり強く刑を軽減する因子とはいえないでしょう．賠償したか，反省したか，社会的制裁を受けたかが，むしろ主要な因子を構成しているのです．

次に，重くするか軽くするか必ずしも類型的に決まらない因子について説明しておきます．

 被害者が尊属である場合，被害者が70歳以上である場合，10年以上経って犯行が判明した場合，被害者が配偶者である場合は，量刑を重くする方向にも，軽くする方向にも影響をほとんど及ぼしません．

 被害者が親の場合や，配偶者の場合，さらに70歳の場合には，必ずしも重くするとは限らないし，逆に軽くする傾向が明確なわけでもないのです．おそらく「自分の子が被害者の場合」も同様であると思われます．個別の事情によるのです．尊属殺規定が前提としてきたような規範意識は，現在の裁判官にはほとんど認められないといえるようです．ただ，この点に関しては，国民一般との意識の乖離が若干見られるようです．

 いずれにせよ，これらの因子は量刑の際に無意味なのではなく，追加的事情の存在によっては，大きく影響することになる可能性があるのです．

> 　これまでの裁判所の量刑判断は，一定の幅を持ちつつ，国民の規範意識を吸収しつつ，時代状況に合う結論を導いてきたように思われます．そして，このような判断の「幅」の存在は，量刑論にとどまらず，実は，客観的な構成要件該当性の判断や，故意の認定などにも見られたのです．これまで説明してきたように因果関係の相当性や，中止犯の任意性，正当防衛の相当性（過剰性）の判断も，裁判官によって完全な一致を見ることは困難でしょう．まさに，これらの問題こそ，裁判員制度が有効に機能する分野なのです．
> 　少年の犯罪行為の評価や酩酊による限定責任能力の評価について，裁判官と一般国民の間で乖離が存在することが明らかになったのですが，価値的判断，具体的事情をふまえた判断である以上，論理的に結論を導くという姿勢だけでは，刑事司法が国民から見捨てられてしまいます．今回の裁判員制度の導入により，より国民との距離が近づくことが期待されているのです．

おわりに

　裁判員制度は，近代日本の刑事司法制度における最も大きな制度改革だと言ってもよいでしょう．それが，第二次世界大戦というような国の土台が大きく変わる時期ではなく，「平時」に生じたのです．国全体の仕組みが大きく転換したわけではなく，国民が「刑事裁判がどうしようもない」と思っていたわけでもありません．

　そこで，消極的な議論が出てくるのもやむを得ないことでしょう．何より「忙しい自分たちが何で出て行かねばならないのだ？」「法律のプロに任せておくことで，そんなに異存はない」という声が今なお強いのは十分に理解できます．

　しかし，一方で裁判員裁判により，刑事裁判を国民により近づけることを希望する人も増えてきています．「法律で決まった以上，参加します」という人も含めればかなりの数にのぼるのです．現時点で，日本の刑事裁判をどのような方向に動かしていくのが良いかと考えた場合には，動き出した裁判員裁判制度を，よりよい方向に直していくという以外の選択肢はないと思うのです．裁判員裁判をやめれば，それはそれでコストがかかりますし，ここまで来ると，「裁判員裁判の方が良かった」という意見がかなり出てくるはずです．

　そして，裁判員裁判について，このような後ろ向きの議論をする時期は終わったと思うのです．刑事司法をよりよくするための，そして刑事裁判の内容を国民の意識に近づけるための，非常に大きな武器を手にしたことは疑いないのです．その効果が大きすぎるし，使うのに技術も少しは必要なので，戸惑っているだけなのです．

　まず，目に見えて変わってくるのは，刑事手続きの方でしょう．公判前整理手続きにより迅速化し，争う点も分かりやすくなります．その結果として，

旧来の刑事訴訟法の理念が少し修正されることになります．その点についても，当然，従来の「時間をかけるやり方」の方がよいという意見も考えられます．しかし，この点については，世論一般の反対が強まることは，考えにくいのです．

　ただ，最も大きく変わるのは，刑事手続きでなく，刑法の考え方，つまり罪と罰の考え方なのです．明治以来蓄積されてきた法の考え方が動かざるを得ないのです．これまでも，裁判実務では，国民の常識に則った裁判が行われてきたのですが，より一層，そのことが明確になるということだといってもよいと思います．これまでの刑法は，やはり，司法試験に受かった「法曹」というエリートの専権事項でした．難しいと思われてきたのです．そして，本書を読んで頂いておわかりの通り，たしかに難しいのです．しかし，それはぎりぎりの価値判断，つまり「一般の国民だったらどう考えるのだろう」という判断が難しいのです．そして，その部分は，専門家と国民で，基本的に差はないのです．言葉，概念が複雑で難しいという部分は，重要ではないのです．そしてその部分は専門家に任せておけばよいのです．

　日本は，明治以降，西欧の法制度を真似てきました．条文は，はじめは外国人に作ってもらったようなものでした．しかし，それが100年以上の時間をかけて定着する中で，日本型のものにじわじわと変わってきたのです．ただ，それは法律専門家による作業でした．そこでは，どうしても，法律の「本家」である西欧のものの考え方が正しいという意識が働いてきたのです．学者にはより強くその傾向が見られました．しかし，本来，国民が現在の日本社会の中で，人を裁くのです．裁判員制度の導入により，そのことを直視せざるを得なくなるのです．その結果明治以来の法律学の方向性を，大きく修正することにもつながるのです．

　わが国の明治以来の優れた教育制度の成果は，世界的に見て，裁判に参加することに適した国民を育ててきました．国民は，すべて平等に，国のシステム運営に関与できるのです．そして，正義を判定する主体であることを実感できるのです．

　裁判員制度は，日本の民主主義の発展という視点からも非常に大きな意義を有するのです．国民はいろいろな社会事象に，関心を持ち，井戸端会議，テレビの視聴者参加，その他いろいろな意見を表明します．刑事事件に関心

のない人は少ないです．それに関する意見を，主役として表明できるのです．大変なのはよくわかります．でも大変だからこそやり甲斐があり楽しいのではないでしょうか．

索　引

[ア 行]

アリバイ　119
安楽死　75
一部行為全部責任の原則　108
一般人（平均人）標準説　101
一般予防論　29
違法収集証拠排除の原則　136
違法性　93
違法性の意識の可能性　63
違法排除説　138
医療観察法　105
因果関係　54
　　——中断論　54
因果的共犯論　109
員面調書　132
疑わしきは被告人の利益に　124, 129
延命措置　75
応報　35
応報刑　28

[カ 行]

介在事情　56
蓋然性説　66
過失　61
過剰防衛　98
貨幣　90
患者の同意　95
間接証拠　131
間接正犯　47, 110
カント　30
危険運転致死傷罪　77
危険犯　45
偽造　90
偽造通貨行使罪　91
起訴状　123

起訴状一本主義　117, 123
起訴猶予　12
期待可能性　100
客体の不能　51
客観的危険説　52
客観的帰責　55
求刑　120
旧刑法　38
旧派　31
急迫　97
教育刑論　32
教唆　107, 110
供述書　132
供述証拠　131
供述不能　134
供述録取書　132
強制捜査　7
強制わいせつ罪　85
共同正犯　107
共犯　47
共犯従属性説　109
共犯処罰根拠論　109
共犯論　107
共謀共同正犯　112
共謀罪（コンスピラシー）　23, 49
業務　95
業務行為　95
虚偽排除説　138
極端従属性説　110
挙証責任　129
緊急避難　98
銀行券　90
具体的危険説　52
具体的符合説　68
クレジットカード詐欺　44
計画的犯行　147
警察　7
形式的違法論　93
刑罰論　28

刑法　37
刑法202条　76
刑法207条　129
結果　45
結果的加重犯　62
原因説　54
厳格な証明　126
喧嘩両成敗　97
嫌疑なし　12
嫌疑不十分　12
現行犯逮捕　9
検察官　11
現住建造物　88
検証　9
検証調書　133
検面調書　132
行為者標準説　101
公共　88
行使の目的　91
構成要件　40
公訴事実　121
公知の事実　128
強盗強姦罪　82
強盗罪　80
行動制御能力　102
強盗致死傷罪　81
強盗の機会　81
公判前整理手続　118
交付　91
勾留　11
個人　31
コピーの文書性　44
混合的方法　102
コンスピラシー　23, 49

[サ 行]

罪刑法定主義　40
裁判員辞退事由　6
錯誤　64
殺人罪　61, 74

三徴候説　75
死刑執行行為　95
事後強盗　80
事後法の禁止　41
事実認定　123
事実の錯誤　64
自然人　74
実況見分調書　133
実行行為　46
実行（終了）未遂　48
実行の着手　48
実質証拠　131
質的過剰　98
自白　137
紙幣　90
死亡　73
社会政策　32
社会防衛論　32
謝罪　148
自由心証主義　124
集団強姦等罪　86
自由な証明　127
主尋問　120
準強姦罪　88
準強盗　80
傷害致死罪　76,77
条件関係　54
条件説　54
証拠開示　118
証拠裁判主義　124
証拠書類　130
証拠調べ　119
証拠資料　130
証拠能力　124
証拠の許容性　126
証拠の優越　127
証拠物たる書面　130
証拠方法　130
情状　128
焼損　89
承認　137
証人尋問　120
少年　148
証明の必要のない事実　128
証明力　124,125
書証　130

職権主義　5
人権擁護説　138
人証　130
心神喪失者　101
心神耗弱者　101
心臓死説　75
人定質問　119
新派　31
心理学的方法　102
推測　127
性格責任論　32
制限従属性説　110
正当化事由　93
正当行為　95
正当防衛　95
正犯　47
生物学的方法　102
生来性犯罪人説　32
責任共犯論　109
責任主義　100,104
積極加害意思　97
接見　9
是非、善悪　101
前科　127,143
訴因　123
捜査　7
捜査の端緒　7
相対的応報刑論　33
相当因果関係説　55
相反性　134
措置入院　105
疎明　127

[タ行]

胎児　74
逮捕　9
弾劾証拠　131
着手（未終了）未遂　48
中止犯　53
中止未遂　53
中絶　74
中断論　54
懲戒行為　95
直接証拠　131
通貨偽造罪　90
通用する　90

電気窃盗判例　44
伝聞証拠　133
伝聞法則　133
同意　134
同一性を欠く　91
同害報復　28
道義的責任論　31
当事者主義　5
特信性　134
特別予防論　29
独立性説　109
独立燃焼説　89

[ナ行]

任意捜査　7
認識ある過失　66
認容説　66
脳死説　75

[ハ行]

賠償　148
犯意の明確化　49
犯罪論　27
犯情　143
反対尋問　120,131,133
非供述証拠　131,135
被告人　117
必要的弁護事件　118
人　74
非難可能性　102
秘密の暴露　140
評議　121
ヒンクリー事件　102
物証　130
不能犯　24,51
ヘーゲル　31
変造　91
弁論　120
ボアソナード　38
防衛するため　97
放火罪　88
暴行　76
幇助　107
法人　46
法曹　15
法定合議事件　73

法定証拠主義　124
法定的符合説　68
冒頭陳述　119
冒頭手続　119
方法の不能　51
法律主義　40
法律の錯誤　64
法令による行為　95
補強法則　140
保釈　117

　[マ 行]

見せ金　91
身分犯　46
無罪の推定　129
明確性の理論　40
目的刑　28
黙秘権　8
物の押収・捜査　8

　[ヤ 行]

やむことを得ない行為　97
有体物　44
輸入　91
要素従属性　110
予備　49
予備に対する共犯　114

　[ラ 行]

留置　9
流通に置く　91
量刑　143
量刑相場　144
量刑の資料　127
量的過剰　98
累犯前科　127
レーガン大統領暗殺未遂事件
　102
論告　120

　[ワ行]

わいせつ　86

著者略歴

1949 年　東京生まれ
1972 年　東京大学法学部卒業
現　在　首都大学東京法科大学院教授

主要著書

『可罰的違法性論の研究』1982 年，東京大学出版会
『現代社会と実質的犯罪論』1992 年，東京大学出版会
『刑法の基礎　総論』1993 年，有斐閣
『刑法から日本をみる』共著，1997 年，東京大学出版会
『少年犯罪——統計からみたその実像』2000 年，東京大学出版会
『刑法総論講義　第 4 版』2006 年，東京大学出版会
『刑法各論講義　第 4 版』2007 年，東京大学出版会
『刑事訴訟法講義　第 3 版』共著，2009 年，東京大学出版会
『最新重要判例 250 刑法　第 7 版』2009 年，弘文堂

裁判員のための刑事法入門

2009 年 5 月 15 日　初　版

［検印廃止］

著　者　前田雅英(まえだ まさひで)

発行所　財団法人　東京大学出版会

代 表 者　長谷川寿一

113-8654 東京都文京区本郷 7-3-1 東大構内
http://www.utp.or.jp/
電話 03-3811-8814　Fax 03-3812-6958
振替 00160-6-59964

印刷所　大日本法令印刷株式会社
製本所　矢嶋製本株式会社

© 2009　Masahide Maeda
ISBN 978-4-13-033204-0　Printed in Japan

Ⓡ〈日本複写権センター委託出版物〉
本書の全部または一部を無断で複写複製（コピー）することは，著作権法上での例外を除き，禁じられています．本書からの複写を希望される場合は，日本複写権センター（03-3401-2382）にご連絡ください．

著者	書名	判型	価格
前田雅英著	刑法総論講義 第4版	A5	3600円
前田雅英著	刑法各論講義 第4版	A5	3700円
池田 修・前田雅英著	刑事訴訟法講義 第3版	A5	3600円
前田雅英著	少年犯罪	46	1800円
前田雅英著	可罰的違法性論の研究	A5	7600円
前田雅英著	現代社会と実質的犯罪論	A5	4000円
前田雅英・藤森 研著	刑法から日本をみる	46	1800円
木村光江著	刑法 第2版	A5	3500円
木村光江著	刑事法入門 第2版	A5	2200円
木村光江著	主観的犯罪要素の研究	A5	5600円
林 幹人著	刑法総論 第2版	A5	3800円
林 幹人著	刑法各論 第2版	A5	3800円
林 幹人著	刑法の基礎理論	A5	3800円
平野龍一著	刑事訴訟法概説	A5	2700円

ここに表示された価格は本体価格です．御購入の際には消費税が加算されますので御了承下さい．